중독 사회와
한국교회의 치유 사역

중독 사회와
한국교회의 치유 사역

2019년 4월 22일 초판 1쇄 인쇄
2019년 4월 29일 초판 1쇄 발행

지은이 | 고병인 김형근 박종연 손매남 안미옥 원영희 주정식
엮은이 | 글로벌디아코니아
펴낸이 | 김영호
펴낸곳 | 도서출판 동연
등 록 | 제1-1383호(1992. 6. 12)
주 소 | 서울시 마포구 월드컵로 163-3
전 화 | (02)335-2630
전 송 | (02)335-2640
이메일 | yh4321@gmail.com

Copyright ⓒ 글로벌디아코니아, 2019

이 책은 저작권법에 따라 보호받는 저작물이므로
무단 전재와 복제를 금합니다.
잘못된 책은 바꾸어드립니다.
책값은 뒤표지에 있습니다.

ISBN 978-89-6447-480-8 03200

이 도서의 국립중앙도서관 출판예정도서목록(CIP)은 서지정보유통지원시스템 홈페이지
(http://seoji.nl.go.kr)와 국가자료종합목록시스템(http://www.nl.go.kr/kolisnet)에서
이용하실 수 있습니다. (CIP제어번호 : CIP2019014063)

중독 사회와
한국교회의 치유 사역

고병인 김형근 박종연 손매남 안미옥 원영희 주정식 **함께 씀**
글로벌디아코니아 **엮음**

동연

머 리 말

중독의 공론화로 중독회복의 은혜가 넘치시기를!

오늘을 살아가는 우리는 어떤 의미에서 모두 중독자들입니다. 어떤 종류의 중독이든 자신은 물론 가정과 사회를 파괴시킵니다. 전문가들은 우리나라에 유독 중독자가 많은 이유로 용이한 접근성과 취약한 예방과 치료 시스템을 꼽습니다. 몇 발짝만 걸으면 24시간 내내 술을 마실 수 있고, 스마트폰과 인터넷을 끼고 사는 우리 환경과 체면 문화가 부정적인 결과를 양산한다는 것입니다.

한국 사회는 물질중독과 행위중독 문제로 인하여 전 인구의 25% 정도가 가족구성원의 중독문제로 고통을 당하고 있습니다. 그럼에도 이 문제를 노출하기를 꺼려하는데 말을 한다고 해결될 문제도 아닐뿐더러 남에게 말하는 것 또한 부끄럽기 때문입니다. 너무나 많은 당사자와 가족들이 고통을 받고 있지만 정작 치료가 필요한 질병으로 생각을 하지는 않는다는 것입니다. 우리는 먼저 모든 중독은 그저 단순한 현상이 아니라 종합적인 질병이라는 사실을 먼저 인식하여야 합니다. 질병이기 때문에 전문적이고 지속적인 치료가 필요한 것입니다.

중독으로부터 회복의 첫 걸음은 자신과 이 사회가 중독에 빠졌다는 사실을 인정하는 것입니다. 중독자라는 인정과 수용은 회복의 출발점이 됩니다. 따라서 중독의 회복은 "나는 중독자"라는 고백으로부터 시작됩니다. 이러한 회복과 치유의 여정은 참으로 지난하여 혼자로서는 곤란합니다. 비슷한 처지에 있는 사람들과의 교류와 연대와 협력 그리고 가족들의 협조가 반드시 필요합니다. 자조모임 성격의 사람들이 같이 모여 공감하고 지지하고 성원할 때 비로소 힘든 회복의 여정을 함께 헤쳐 나갈 수 있습니다.

중독Addiction의 어원은 라틴어 'addicere'로 '동의하는 것, 양도하는 것'에서 유래했다고 하는데, 고대 사회에서 감금되거나 노예가 된 사람을 묘사하는 데 사용되었습니다. 중독은 촘촘하고 튼튼한 그물에 걸린 것에 비유할 수 있는데 그물을 빠져나오려고 몸부림칠수록 그물에 칭칭 감겨 결국 빠져나올 수 없게 됩니다. 누군가 그 그물을 잘라주거나 풀어서 빠져나오도록 도와주어야 하는데 그 길을 열어주시는 분이 바로 하나님이십니다.

> 주의 성령이 내게 임하셨으니 이는 가난한 자에게 복음을 전하게 하시려고 내게 기름을 부으시고 나를 보내사 포로 된 자에게 자유를, 눈먼 자에게 다시 보게 함을 전파하며 눌린 자를 자유롭게 하고 주의 은혜의 해를 전파하게 하려 하심이라(눅 4:18-19).

예수님의 복음은 포로 된 자에게 자유를 주시는 복음입니다. 포로란 무엇인가에게 결박을 당해서 꼼짝 못하는 상태를 의미합니다. 하나님께서는 중독자들과 그 가족이 진정으로 그 중독의 포로에서 벗어나기를 바라십니다. 벗어남으로 자유의 은혜로 회복되어 건강한 삶을 살기를 원하십니다.

아무것도 염려하지 말고 다만 모든 일에 기도와 간구로, 너희 구할 것을 감사함으로 하나님께 아뢰라 그리하면 모든 지각에 뛰어난 하나님의 평강이 그리스도 예수 안에서 너희 마음과 생각을 지키시리라 (빌 4:6-7).

그러므로 스스로 해결하려고 하지 말고 하나님께 모든 것을 맡기고 감사함으로 기도해야 할 것입니다.

오늘 예수님은 중독으로 고생하는 모든 분들과 그 가족들에게 옛날 죽은 나사로를 살리시며 하신 말씀처럼 "풀어 놓아 다니게 하라" (요 11:44)라고 주변 사람들에게 부탁하시고는 "큰 소리로 나사로야 나오라"(요 11:43)라고 외치신 그대로 오늘도 역사하심을 믿습니다.

이제는 교회 안에서 중독의 문제점을 공론화하고 치유와 회복의 길을 같이 모색하며 함께 가야 할 지점에 와 있습니다. 지금까지 개별적으로 관련된 책이 출간되기도 하고 몇몇 선구자가 중독회복의 좁은 길을 걸어 오셨는데 이제는 효과성과 효율성을 위해서라도 네트워크가 반드시 필요한 지점입니다. 홀로가 아니라 '형제가 연합'하여 중독으로 말미암아 신음하는 교우들을 인도해야 하기에 한국교회 중독회복의 가이드북을 펴내게 되었습니다. 한국교회 목회자와 지도자들이 중독 현상과 그 회복 방법에 대해 정확한 이해를 갖는 것은 매우 중요하고도 시급한 일이기 때문입니다.

여기 실린 중독회복의 소중한 제안들은 이 일에 매진해온 귀한 동역자들의 피땀 어린 열매들이기에 특별한 감사를 전하고 싶습니다. 아울러 이제까지 외롭게 걸어오신 동역자들에게 하나님의 도우심이 함께하시길 기도합니다. 이 책이 한국교회 목회자들에게 교회와 가정과 사역 현장에서 중독에 대한 바른 인식과 회복 사역의 좋은 지침이 될 것으로 확신합니다.

이번에 발간되는『중독사회와 한국교회의 치유 사역』의 집필진으로 동참해주신 일곱 분의 집필자분들과 이 책의 출판을 믿음과 사명으로 수락해주신 동연출판사와 이번 실무를 맡아 수고하신 글로벌디아코니아센터의 관계자들 그리고 명성교회 성도들 모두에게 감사함을 전하며 주님의 해방과 회복의 은혜가 함께하시길 빕니다.

2019년 주님이 부활하신 날에
글로벌디아코니아 이사장 김삼환 목사

차 례

머리말

1부_ 한국 사회의 중독 현상과 교회의 대응

교회가 알아야 할 회복 사역
─ 중독 · 학대 · 외상을 아우르는 치유 | **고병인** • 15

1. 들어가는 말 • 15
2. 지구촌의 현실: 중독 · 학대 · 외상 • 17
3. 회복 사역 recovery ministry 운동 • 20
4. Oxford Group과 AA의 12단계 • 22
5. 회복 사역의 지원그룹 support group • 24
6. AA와 기독교 버전 12단계 12 Steps • 29
7. 12단계와 교회의 회복 사역 Recovery Ministry • 32
8. 회복 사역의 원리 • 38
9. 회복 사역과 한국교회의 실상 • 40
10. 교회의 전통적인 소그룹과 지원그룹의 차이 • 46
11. 나오는 말 • 47

치료공동체 | 주정식 • 49

약물의존과 회복 | 박종연 • 68

    1. 아동기에 생길 수 있는 약물의 문제 • 69
    2. 청소년기에 생길 수 있는 약물의 문제 • 70
    3. 성인에게 생길 수 있는 약물의 문제 • 72
    4. 약물의존 상담 • 76

뇌와 중독 | 손매남 • 88

    1. 중독물질과 뇌의 구조 • 89
    2. 약물이 뇌에 미치는 영향 • 90
    3. 손상된 뇌 회복하기 • 96

2부_ 중독 현상에 대한 이해

알코올 중독 사역 — 사례를 중심으로 | 원영희 • 107

스마트 시대 어떻게 대처할 것인가 | 박종연 • 120

1. 카톡, 페이스북, 인스타그램, 유튜브 • 121
2. 모바일 게임과 도박 • 124
3. 음란물 • 125
4. 교회에서의 예방 및 상담(예방교육안 예시) • 127
5. 잘못된 사용으로 인한 문제 • 132
6. 스마트폰 의존(중독) 해결책 • 134

중독자 가정의 가족 질병: 동반의존 | 고병인 • 138

1. 들어가는 말 • 138
2. 성인아이의 동반의존 • 141
3. 알코올 중독자 가정의 성인아이 AcoA • 142
4. 동반의존의 짧은 역사 • 145
5. 동반의존의 개념 • 146
6. 동반의존: 가족의 질병 • 148
7. 중독자의 방어기제 • 151
8. 전문가들이 말하는 동반의존 • 153
9. 알아넌 Al-Anon 들이 말하는 동반의존 • 155
10. 중독자가 말하는 동반의존 • 156
11. 민감하게 반응하는 동반의존자들 • 157
12. 동반의존 유형 • 158
13. 회복의 길: 동반의존으로부터의 분리 • 160
14. 나가는 말 • 165

도박 중독 상담 가이드 — 목회자의 사역을 위한 | 안미옥 • 168

1. 들어가는 말 • 168
2. 도박 중독 진단하기 • 170
3. 도박 중독자 가족 돕기 • 172
4. 도박과 영성 • 177
5. 회복과 영성 • 178
6. 단도박을 위한 12주 성경 공부 가이드 • 182
7. 나가는 말 • 189

미투(me too)와 성 문제, 교회는 어떻게 대처해야 할 것인가
— 성 중독의 사례를 중심으로 | 김형근 • 190

부록

1. 청소년, 성인 스마트폰 자가진단 척도 검사지 및 해석지 • 210
2. 약물남용 검사지 • 215
3. 도박 중독 치유를 위한 자료 • 217
4. 중독 치유를 위한 기관 소개 • 234

저자 소개 • 239

1부

한국 사회의 중독 현상과 교회의 대응

교회가 알아야 할 회복 사역 — 중독·학대·외상을 아우르는 치유 _ **고병인**

치료공동체 _ **주정식**

약물의존과 회복 _ **박종연**

뇌와 중독 _ **손매남**

교회가 알아야 할 회복 사역
— 중독·학대·외상을 아우르는 치유

고병인
(고병인가족상담연구소)

1. 들어가는 말

최근 "#MeToo" 사건으로 나라가 온통 도가니처럼 들끓고 있다. 성범죄는 치한들에 의해 저질러지는 범죄로 알고 있었는데, 사회지도자인 경영주, 교사, 배우, 영화감독, 연극연출가, 정치인들에 의해 자행된 소행으로 밝혀져 그 충격이 더 큰 것 같다. 가부장적 전통, 남존여비, 남성들의 갑질 문화가 한데 어우러져 불거진 결과라고 생각된다. 이런 과정을 통해서 우리나라가 민주적으로 발전되어가나 싶었다. 그러나 권력을 가지지 못한 교사들과 연예인들은 실형을 받았고 권력의 상층부에 있는 치한들은 거의 무혐의 판정을 받아 그 죄가 인정되지 않았다. 성폭행, 성범죄의 문제가 대두될 때마다 전자 발찌, 거세 화학물질 투여 등이 거론되었지만 성범죄의 원인에 대한 진단은 하지 못한 채 처방만을 말하고 있는 것 같다. 성폭력을 일삼는 치한들이 거의 성 중독자임을 아는 사람들이 거의 없다. 이들이 교도소에 수감되는 경우 성범죄자들의 교정을 위해 성 중독 치유와 회복의 프로그램을 마련하고 있는 교도소는 거의 없는 것으로 알고 있다.

4년 전 필자는 서울 북부에 위치한 교도소의 '인문반'(영어와 일어를 배우는 교정프로그램의 소그룹)에 집단상담을 인도했다. 옆 반에는 '도박과 성범죄자' 소그룹이 있음을 알게 되었다. 옆 반 담당교도관(사회복지학을 전공한 상담실장)을 만나, 성범죄자들의 프로그램에 대하여 관심을 갖고 묻자 성범죄자들의 대부분이 성 중독자라는 사실을 모르고 있었다고 말했다. 교도소의 사회과장을 만나 같은 이야기를 반복했으나 사회과장은 의외라는 표정을 지어 공직자들의 한계를 엿볼 수 있었다. 더구나 놀란 것은 모 상담대학원에서 필자의 '중독의 심리학'을 수강했던 제자가 이 교도소의 교도관이었다. 상담학 전공자임에도 불구하고 일반 행정을 담당하고 있다면서 전공자들을 활용하지 못하고 있는 교도소의 인사정책에 불평을 말했다. 성범죄자들은 일반 범죄자들과 같이 수감되어 성적 충동이 억제된 채 형기를 마치고 출감하자마자 성충동으로 전자발찌를 자르고 성범죄를 재현하는 실정이다.

성범죄 전과 7범(27세)의 어머니가 상담소에 찾아와서 아들이 6개월 후에 출감하게 되는데 어찌했으면 좋겠냐며 눈물을 흘리면서 말했다. 내용인즉 출감하게 되면 다시 범죄를 저지를 것 같은 충동성 때문에 출감이 두렵다고 말하는 아들을 어떻게 하면 좋겠냐는 것이었다. 그 후 아들은 출감하여 필자의 '가족상담연구소'의 그룹모임에 참여하게 되었고 출감 후 지금껏 3년째 매주 그룹모임에 참석하고 있다. 지금은 자동차 정비소에서 직원으로 일하고 있으나 지나가는 여성들의 초미니 핫팬츠를 볼 때마다 일어나는 성충동은 여전히 자기를 괴롭히는 존재라고 고백한다. 그룹모임이 끝날 때마다 암송하는「평온을 비는 기도」의 "하루하루 살게 하시고 순간순간 누리게 하시며 고통을 평화에 이르는 길로 받아들이게 하옵시고"를 묵상하면서 성충동과 전투를 벌인다고 그룹모임에서 간증한다.

성인오락실과 PC방이 약국보다 많다고 한다. 문화산업의 일환으로 게임 산업을 육성한다고 마구잡이로 인허가해준 결과이다. IT산업의 발달로 아동, 청소년, 성인할 것 없이 손 안에 들어와 있는 스마트폰을 통해 게임은 물론 사이버 포르노그래피를 접하고 있다. 2016년 통계청의 발표에 의하면, 물질중독으로 분류되는 250만 명 이상의 알코올 중독자, 50만 명 이상의 마약중독자와 행위중독(과정중독, 숨겨진 중독)으로 분류되는 300만 명 이상의 도박 중독자, 190만 명 이상의 쇼핑중독자, 그 수를 알 수 없는 섹스 중독자, 청장년의 과 반 수가 넘는 일중독자, 750만 명 이상의 스마트폰 과잉증후군(5~59세) 등, 어림잡아 1,200만 명 이상의 중독자가 존재한다. 과히 중독자들의 공화국을 연상케 한다.

2. 지구촌의 현실: 중독 · 학대 · 외상

중독addiction과 학대abuse 그리고 정서적 외상trauma은 떼려야 뗄 수 없는 불가분의 관계를 가지고 있다. 가정폭력(신체적, 정서적, 성적, 영적 학대)의 68%가 음주상황에서 이루어진다. 부모가 중독자이거나 역기능 가정환경에서 자란 자녀들은 결국 중독자로 성장해가는 확률이 높다. 모든 중독은 개인의 질병이 아니고 3세대로 전수되는 '가족의 질병'이라고 말한다. 중독에 노예가 된 중독자는 학대를 통해 가족들에게 깊은 외상을 남긴다. 1,200만 명 이상의 중독자들은 2,400만 명 이상의 배우자와 자녀들을 다시 노예로 만들고 있다는 말이 된다. 중독은 어떤 한 문화의 중심적인 흐름이 될 수 있다. 인류학자들은 언어로 사람들을 분류하고 범주화한다. 지구촌의 6,000여 가지의 언어 중에서 100만 명 이상의 인구가 사용하는 언어는 250가지에 불과하다. 사회학자나 UN에서는 206개의 나라로 사람들을 범주화한다. 회복사역 전문가이며 풀러신학교 Fuller Theological Seminary의 목회신학 교수 데일 라이언 Dale Ryan은 사람들을, 중독된 사람들·학대받은 사람들·정서적 외상을 가진 사람들 그리고 적은 수의 건강한 사람들로 분류한다. 건강한 사람들은 기껏해야 10퍼센트 내외라고 말한다. 역기능 가정이 90%에 가깝다는 말이다.

중독된 사람들·학대 받은 사람들·정서적 외상을 가진 사람들이 교회에 온다. 그들은 자기들처럼 중독·학대·외상을 가진 사람들이 교회에 있는가 찾아본다. 아무리 둘러보아도 중독·학대·외상의 문제로 고민하는 사람이 보이지 않는 것 같다. 사탄은 중독·학대·외상으로 우리를 공격한다. 따라서 우리는 중독·학대·외상에 대해서 알아야 한다. 불행하게도 현대교회는 이 세 가지 주제에 대해서 무지하다. 그 결과 복음을 비현실적으로 전하고 있다.

어떤 지역은 중독이, 또 어떤 지역은 학대가 강하게 나타난다. 우리나라의 경우 1,200만 명 이상의 중독자들이 2,400만 명 이상의 가족들을 노예로 잡고 있다면 이것은 개인적인 차원의 문제를 넘어선 사회적인 문제다. 중독이 우리 사회의 지배적인 요인이 되어 사회생활에 영향을 미친다. 우리 문화에서 일어나는 거의 모든 일이 중독과 연관되어 있을 것이다. 중독·학대·외상의 치유는 한 개인의 치유로 한정해서는 안 된다. 먼저 가족을 치유하고, 교회, 여러 사회단체와 국가를 치유해야 한다.

그동안 예배, 설교, 선교 중심의 목회로 일관해온 한국교회는 이러한 명백한 진실에 대해 직면해야 하는 시대에 와 있다. 한국교회가 직면하고 있는 것은 이러한 명백한 진실에 대한 부인denial이다. 중독과 학대 그리고 외상이 마치 존재하지 않는 것처럼, 목회자나 교회사역자 자신이 중독과 학대 가정에서 자라 외상을 가지고 있음을 부인하며, 상담이 필요 없는 것으로 간주하고 목회전략을 세워왔다.

중독자·학대받은 자·정서적 외상을 가진 자들은 충동적인 행동과 강박적인 사고, 낮은 자존감으로 인해 비뚤어진 성격과 습관에 매여 힘들어한다. 그리스도인이 되더라도 그러한 빗나간 행동은 계속되므로 어떻게 자신의 '어두움'을 '빛' 가운데로 가져가야 할지 몰라 방황한다. 그들이 자신의 경험과 어려움을 드러내고 고백할 때, 많은 교회는 단순히 '죄를 회개하고 더 기도하라'고 말한다. 충동적이고 강박적이고 낮은 자존감과 성격상의 결함의 뿌리를 다루지 못한 상태로 고군분투하지만, 결국 어쩔 수 없는 자신을 발견하는 것이 그리스도인들의 현실이다.

이러한 현실로 인해 죄책감과 두려움은 갈수록 깊어지고, 수치심의 악순환 속에서 서서히 인격은 파괴된다. 자신의 수치와 비밀, 결함이 노출되면 따돌림 당할지도 모른다는 두려움과 불안으로 더 이상 도움을 구하지 못하고 숨게 된다. 깊은 영적 갈등과 해결되지 않은 과거는 유령처럼 따라다니며 낮은 자존감과 만성적인 가족문제를 일으킨다. 여기저기에서 성경학교, 제자훈련, 상담학교, 가정사역학교, 아버지학교, 어머니학교, 결혼예비학교, 부부행복학교, 대화학교, 내적치유 등의 핵가족 중심의 프로그램을 배워보지만 노력에 비해 근본적인 변화를 경험하는 사람은 별로 없다. '회복 사역Recovery Ministry'은 이러한 사람들을 위한 것이다.

3. 회복 사역recovery ministry 운동

제3의 물결로 불리는 성령 운동이 전 세계적으로 확산되면서 예배에 새로운 바람을 불어넣고 있다. 그러나 중독자를 포함하여 학대받은 자, 정서적 외상을 가진 자(중독자의 가족들: 동반의존자들)의 '회복 사역'은 또 다른 차원에서 교회의 판도를 바꾸어 놓을 것으로 전망된다. 교회 내의 중독된 사람·학대받은 사람·정서적 외상을 가진 사람들의 치유를 위한 이른바 회복운동이 1980년대 이후에 미국을 중심으로 일어나고 있다. 이 운동을 처음 주도해 온 얼 헨슬린Earl Henslin은 다음과 같이 말한다.

오늘날 교회 안에 일종의 부흥의 바람이 불고 있다. 수치심 뒤에 있는 상처를 겉으로 드러내지 못하고 이중적인 신앙생활을 하다가 지칠 대로 지친 이름 없는 수만 명의 그리스도인들 사이에 조용한 부흥이 뿌리를 내리고 있다. 이 부흥은 알코올 중독, 마약 중독, 성 중독, 섭식

중독, 일중독, 도박 중독, 각종 중독자에게 동반의존 된 가족들, 가족 내 폭력의 생존자들, 낙태 후 수치심과 죄책감을 안고 침묵하는 이들, 이혼모들, 사별모들, 동성애의 비밀스런 생활, 역기능 가정의 성인아이가 지니는 제반 문제 등 갖가지 문제를 안고 남몰래 씨름하던 수만 명의 그리스도인들을 중심으로 일어나고 있다. 이 모든 것은 역사적으로 심각한 문제를 갖는 것을 용인하지 않았던 기독교 공동체를 배경으로 일어나고 있다.

'회복 사역'의 원리를 성경적으로 설명한다면, "환란 중에 하나님으로부터 자신이 받은 위로로써 고통 중에 있는 다른 이들을 위로하라"(고후 1:4)는 성경말씀처럼 자신의 아픔을 극복한 사람이 같은 어려움에 있는 다른 사람들의 회복을 돕는 소그룹사역이다. 소그룹은 예수님의 제자 훈련, 초대 교회, 역사상 대 부흥을 주도한 존 웨슬리 John Wesley 등이 강조해온 방법이다. 성경공부 그룹이나 구역모임과 달리 회복 사역은 철저히 지원 성격을 띠는 소그룹 중심이다.

회복 사역은 '지원그룹'이라는 소그룹 원리와 알코올 중독자 회복모임 AA: Alcoholics Anonymous 의 12단계 12 Steps 회복원리를 따르고 있다. 피드백과 직면이 허용되는 집단 상담과는 달리 충고, 권면, 토론, 끼어들기, 해결책 제시 등이 금지되며 비밀 보장과 '무비판적인 수용', '신뢰적 분위기/안전한 상황', '고백과 경청'을 강조한다. 그룹원들은 자신의 어두운 비밀과 아픔을 '고백'하고 다른 사람들의 '고백'을 들으면서 자신의 문제를 깨닫고 변화와 성장을 경험한다. '고백과 나눔'을 통해 고린도후서 1장 5-9절에서 말하는 '빛 가운데 행하는 삶'(4절)을 서로 효과적으로 살아가도록 돕는 것이 회복모임의 역할이다.

4. Oxford Group과 AA의 12단계

12단계의 자조그룹self-help group은 알코올 중독자이며 사업가인 로랜드Roland가 유럽에 건너가 정신분석의 대가 융Carl Jung에게 심리치료를 받던 중 로랜드의 재발과 호전이 반복되자 한계를 느낀 융이 믿음이 가는 영성공동체에 자신을 완전히 의탁하고 신에게 도움을 청하면 회복되는 사례가 있었다고 권면한다. 이에 미국으로 돌아온 로랜드는 Oxford Group(1921년 Frank Buchman이 영국 옥스퍼드에서 결성한 기독교 소그룹운동)에 출석하게 되었다. 이들은 정기적으로 모임을 갖고 그 주일의 실생활에서 경험한 사건을 통해 느낀 '감정'을 '고백하고 나누는' 개인들의 소그룹을 형성했다. 로랜드는 Oxford Group을 통해서 회복되었고, 친구인 에비 데처Ebey Tacher마저 이 그룹에 인도하여 단주에 성공하게 된다. 데처는 무신론자이며 알코올 중독자인 친구 빌 윌슨Bill Wilson을 인도하여 단주의 기쁨을 같이 나누게 된다. 이들에게 영향을 준 'Oxford Group'의 신앙원리 여섯 가지는 다음과 같다.

- 사람은 모두가 죄인이다.
- 사람은 변화될 수 있다.
- 변화받기 위해서 우선적으로 요구되는 것은 죄의 고백이다.
- 변화된 영혼은 직접적으로 하나님께 나아갈 수 있다.
- 기적의 시대가 도래하였다.
- 변화된 사람은 다른 사람을 변화시킬 수 있다.

6단계 원리에 의해 회복을 경험한 윌슨Bill Wilson은 의사 스미스Bob

Smith, Oxford Group의 미국 목사 슈매이커Samuel Sumaker와 손을 잡고 교회의 울타리 밖에 중독자들만의 공동체를 1939년에 만들게 되는데 이것이 그 유명한 AAAlcoholics Anonymous(익명의 알코올 중독자모임)와 12단계 12 Steps와 12전통이다. Oxford Group의 신앙원리 여섯 가지에 영향을 받은 Bill은 AA의 12단계를 만들게 되었다.

AA는 가망 없는 중독이란 질병을 치료하고 구성원들의 파괴적 성격유형을 변화시킬 수 있는 원리들의 힘에 대한 독창적 본보기이다. AA 패러다임으로부터 같은 아픔(알코올)을 가진 경험자들이 정기적으로 모여 상호간의 문제에 관해 12단계를 토대로 '고백하고 나누는 것'만으로 회복이 되는 경험을 하게 되었다. 이러한 감동은 알코올 이외의 다른 중독자들도 12단계의 프로그램을 중심으로 그룹모임을 만들게 하였다. 1979년에는 알코올 중독자 가족들(특히 배우자)이 중독자가 더 술을 마시게 하며 재발시키고 있다는 사실을 알게 되었다. 이러한 가족들을 AA의 전문가들은 동반의존자codependent라고 부르게 되었다. 가족들은 중독자의 노예로 살아온 결과 중독자의 만행을 책임지려하고, 그러면서 끊임없이 잔소리하고, 조종과 통제를 일삼는 돌보려는 중독자요 동반중독자co-addiction이다. 동반의존을 알게 되면서 중독자뿐 아니라 가족을 동시에 치료해야만 그 치료와 회복의 효과가 높은 것을 알게 되었다. AA 모임은 자연스럽게 그 가족을 임상의 대상으로 치료하는 5개의 모임으로 발전했다.

- Al-Anon(알코올 중독자가족의 모임)
- Al-Ateen(알코올 중독자가족의 십대들의 모임)
- Al-Akids(알코올 중독자가족의 아동들의 모임)

- AcoA~Adult Child of Alcoholic~(알코올 중독자가족의 성인아이모임)

등이 그것이다.

이러한 패턴은 다양한 중독자들을 위한 자조그룹~Self-Help Group~으로 확산되기 시작했다.

- 익명의 도박중자 모임~GA: Gamblers Anonymous~
- 익명의 약물 중독자 모임~NA: Narcotics Anonymous~
- 익명의 동반의존자 모임~CA: Codependent Anonymous~
- 익명의 과식중독자 모임~OA: Overeaters Anonymous~
- 익명의 섹스중독자 모임~SA: Sexaholics Anonymous~
- 익명의 일중독자 모임~WA: Workaholics Anonymous~

등의 자조그룹으로 발전하여 지금은 대부분의 정신과 병원에서 물질 중독과 행위중독으로 입원한 환자들에게 12단계의 프로그램을 적용하고 있다.

5. 회복 사역의 지원그룹 support group

AA 12단계를 중심으로 이루어진 자조그룹은 1980년 교회의 회복운동으로 발전하면서 회복그룹~recovery group~과 지원그룹이라 불리게 되었다. 기독교적인 집단상담인 지원그룹은 중독된 사람들·학대받은 사람들·정서적 외상을 가진 사람들이 매주 1회 모여 회복의 여정을 함께하는 소그룹 모임이다. 같은 문제를 가진 경험자들이 모임을 통해 부정적 감정을 해소하고, 수치심과 분노와 두려움에서 해방되어, 피해를 입힌 사람들에게 보상하고, 가해자를 용서하고, 그리스도 안에서 평화를 체험하여, 자유함과 은혜를 누리게 하는 목표를 가지고 있다.

회복은 혼자 이룰 수 없다. 진정한 치유와 영성의 회복은 영적, 정서적 후원 속에서 자신의 실패와 약점, 상처, 수치심과 비밀을 '고백하고 나눌 수' 있는 안전한 상황과 사람들이 필요하다. 성급한 충고나 조언 대신, 같은 문제를 가진 사람들이 매주 모여 실패와 성공, 희망을 나누는 지원그룹의 경험을 통해 참여자는 자기 충동성, 강박성을 자각하고, 낮은 자존감을 개발하며 정직, 겸손 등을 배우고 참된 자신이 되어 가는 것이다. 그 주간에 묵상을 통해 개인적으로 배우고 느낀 것들을 지원그룹에서 나누어야 한다.

우리는 그리스도인으로서 치유하시는 하나님을 믿는다. 그러나 치유와 변화는 한순간의 기도나 성경 읽기만으로 해결되지 않는다. 삶을 지배하는 문제로부터 자유롭게 되려면 과거의 상처를 직면하고, 재경험하고, 재해석하며, 용서하는 일이 필요하다. 그러나 무엇보다도 자신의 결함을 인정하고 받아들이며, 고통에 대한 자신의 잘못된 반응에 책임을 지는 인고의 과정이 필요하다. 회복은 일생의 여정이기도 하다. 하루하루 묵상하고 자신의 내면을 직면하는 과정을 통해 내면의 치유의 영성 회복을 경험하게 될 것이다. 하나님을 새롭게 만나고 자신의 껍질(거짓 자아)을 벗기 위한 특별한 시간과 장소를 정해야 한다.

지원그룹을 통해 마음의 상처를 처리하는 것을 배우고, 충동적 행동을 극복하며 분노의 폭발을 다스린다. 참가자들은 지원그룹 안에서의 '고백과 나눔'을 통해 자신의 문제를 인식하며 고통스러운 과거를 회상하고 회복 경험을 자신의 생활양식에 통합시킬 수 있게 된다. 또한 참가자들은 성령의 도우심 안에서 과거의 고통을 직면하고 재경험할 수 있는 용기를 갖게 된다. 그 상처와 고통을 재해석하고, 자신을 용납하게 되고, 그에게 고통을 안겨준 부모를 용서할 수 있는 사람으로 재양육되어진다. 브리지 빌더스 Bridge Builders 는 『하나님과 동행하며 나를 찾아가는 길』(1996)에서 지원그룹의 유익을 다음과 같이 말한다.

- 참여자들은 지원그룹에 참석한 다른 사람들의 삶 속에 있는 실패와 성공과 희망의 이야기를 들으면서 하나님이 어떻게 일하고 계시는지 깨닫게 된다.
- 비슷한 문제를 겪고 있는 동료들에게 자신의 속마음을 솔직히 이야기할 때 무비판적인 수용으로 공감, 경청해주는 동료들을 통해 신뢰적이고 안전한 환경을 체험하게 된다.
- 하나님의 말씀을 삶 속에 적용할 힘을 얻게 된다.
- 서로의 문제에 대해 함께 싸워나갈 용기를 얻게 된다.

지원그룹은 얼굴과 얼굴을 마주 대하는 소그룹이다. 참가자들은 감추어져 있던 정서적 고통을 만나고, 상처받은 다른 사람들을 만나고, 회복에 대한 소망, 용납, 사랑 그리고 예수 그리스도의 임재를 체험하게 된다. 같은 경험을 가진 이들이 지원그룹으로 모여 진솔한 '고백과 나눔'을 통해 회복을 경험하게 된다. 여기서 '고백과 나눔'은 회복 사역의 핵심이다.

주님은 교회가 지상에서 가장 안전한 곳이 되기를 원한다. 초대교회는 지상에서 가장 안전한 곳이었고, '고백과 나눔'의 공동체였다. '고백과 나눔'은 안전한 상황에서만 가능하다. 지원그룹 안에서 종종 우리는 '고백과 나눔'의 공동체를 체험한다. 거기에는 수치심과 비밀도 없고 두려움도 없다. 거기에는 상처의 고백, 고통과의 직면/재경험, 애통, 용서, 감동, 변화와 성장 그리고 회복이 있다. 교회가 고백과 나눔을 할 수 있는 지상에서 가장 안전한 공동체가 되었으면 하는 소망이다. 그것은 주님의 명령이기 때문이다. 이런 면에서 '고백과 나눔'을 강조하는 회복 사역의 지원그룹은 초대교회의 영성회복운동이라고 말할 수 있다.

필자의 '고병인가족상담연구소'의 '토요 지원그룹'에 중독·학대·외상의 아픔을 가진 분들이 혼성으로 매주 모인다. 3시간 동안 모임을 갖는다. 1부는 일주일 동안 삶의 Good & Bad를 나눈다. 그 주일의 사건을 통해 느낀 감정(희로애락)을 모두가 다 돌아가면서 '고백하고 나눈다.' 2부는 Dale Ryan의 『영적성장의 사다리-화해와 회복의 12단계』 책 읽기를 통해 공부한다. 3부는 공부한 내용을 중심으로 느낌과 경험, 희망을 나누고, 끝으로 라인홀드 니버의 「평온을 위한 기도」를 같이 합독하고 마무리한다. 고백과 나눔의 형식은 아래와 같다.

파 랑 새: "회복 중인 알코올 중독자 파랑새가 나누겠습니다.···
              이상 회복 중인 파랑새가 나누었습니다."
그룹원들: "나누어주셔서 감사합니다."

그리고 차례로 돌아가면서 자기 삶과 느낌을 고백하고 나눈다. 초대교회가 했던 고백이라는 영성 훈련을 실제로 실천하고 있는 것이다. 어느 교회에서 "나는 알코올 중독자입니다"라고 고백하는 것을 본 적이 없을 것이다. 그런데 지원그룹은 다르다. 부모/배우자들로부터 너무 억눌려 말을 이어가지 못하는 그룹원이 더듬거리며 논리에 맞지 않은 고백을 하고 있다. 누구도 끼어들지 않고 인내를 가지고 그가 "이상 회복 중인 OOO이 나누었습니다"라고 말할 때까지 경청한다. 때로는 분노를 말하는 그룹원, 때로는 듣기 거북한 성에 대해 말하는 그룹원, 눈을 마주치지 못하는 그룹원, 부모/권위자들에게 받은 상처를 리더나 그룹원들에게 투사projection/전이transference하는 그룹원 등, 그들이 처한 외상과 상황과 환경에 따라 각자가 나누는 간증은 서로 무척 다르다. 그룹원들은 서로가 다르고 차이가 나는 느낌과 경험, 희망을 경청하면서 그분들 뒤에 섭리하시는 하나님의 임재를 통해 하나님과의 교제를 체험한다. 그룹에 참여한 우리가 그들에게 제대로 배우고 싶다면 우리는 우선 겸손해야 한다. 고백은 회복의 핵심이다. 어떤 회복이든지 고백은 필수적이다. 고백은 진실을 말할 수 있는 용기가 필요한 것으로 공동체 앞에서 진실을 밝히는 것이다.

12단계의 지원그룹을 도입하는 소그룹에는 공통점이 있다. 사람들이 돌아가면서 "나는 알코올 중독자입니다", "나는 성 중독자입니다"라고 고백하는 것이다. 고백은 오랜 역사를 가진 기독교의 전통이다. 자신의 삶을 진실하게 고백하는 것은 우리 인생 여정의 한 부분을 시인하는 것이다. 그리스도인은 두 가지 중에 하나를 선택했다. 고백을 하느냐, 안 하느냐이다. 가톨릭의 고해성사는 고백은 있고 나눔을 없애, 먼저 성도의 수치심을 극대화했다. 가톨릭교회는 성도들에게 고해성사로 수치심을 주는 것으로 그리고 개신교는 이에 대한 반동으로 고백(가톨릭의 고해성사)을 일체 중단해 수치심의 문제를 해결하려고 했다. 이 두 가지 선택 중 어느 것도 좋은 것이 아니다.

6. AA와 기독교 버전 12단계 12 Steps

1) AA의 12단계

1단계, 우리는 우리가 알코올에 대해 무력했으며, 우리의 삶을 수습할 수 없게 되었다는 것을 시인했다.
2단계, 우리보다 위대하신 힘 Higher Power 이 우리를 본정신으로 돌아오게 해주실 수 있다는 것을 믿게 되었다.
3단계, 우리가 이해하게 된 대로, 그 신神의 돌보심에 우리의 의지와 생명을 맡기려고 결정했다.
4단계, 두려움 없이 우리 자신에 대한 도덕적인 검토를 했다.
5단계, 우리의 잘못에 대한 정확한 본질을 신과 자신에게 그리고 다른 어떤 사람에게 시인했다.
6단계, 신께서 이러한 모든 성격상 결점을 제거해 주시도록 완전히 준비했다.
7단계, 겸손하게 신께서 우리의 단점을 없애 주시기를 간청했다.
8단계, 우리가 해를 끼친 모든 사람의 명단을 만들어서 그들 모두에게 기꺼이 보상할 용의를 갖게 되었다.
9단계, 어느 누구에게도 해가 되지 않은 한, 할 수 있는 데까지 어디서나 그들에게 직접 보상했다.

10단계. 인격적인 검토를 계속하여 잘못이 있을 때마다 시인했다.

11단계. 기도와 명상을 통해서 우리가 이해하게 된 대로의 신과 의식적인 접촉을 증진하려고 노력했다. 그리고 우리를 위한 그의 뜻만 알도록 해주시며, 그것을 이행할 수 있는 힘을 주시도록 간청했다.

12단계. 이런 단계들의 결과 우리는 영적으로 각성되었고, 알코올 중독자들에게 이 메시지를 전하려고 노력했으며, 우리 일상의 모든 면에서도 이러한 원칙을 실천하려고 했다.

2) 기독교 버전의 12단계

Oxford Group의 신앙의 원리는 기독교인들의 영적 성장을 위해 시작한 사역이다. 12단계가 근간이 되어 알코올 중독과 여러 가지 중독자들에게 확산되어 현재에는 전 세계에 널리 알려져 있다. AA는 교회의 울타리 밖에서 그들끼리 모여 '고백과 나눔'을 통해 치유와 회복을 경험하는 그룹모임으로 발전되어왔다. 중독자들을 위한 병원의 어떤 치유보다도 회복의 확률이 높아지자 의사들이 긴장하기 시작했다. 중독자 따위들이 만든 12단계를 받아들일 수 없다고 생각했다. 그러나 회복의 확률에 이끌리어 서서히 병원들이 AA의 12단계를 활용하기 시작했다. 현재는 알코올/마약을 전문으로 치료하는 병원은 대부분 12단계 프로그램을 진행하고 있으며, 중독으로 입원하여 퇴원하는 경우 재활치료의 일환으로 AA나 NA(익명의 약물 중독자 그룹모임) 모임에 참여하고 있다.

교회사적으로 AA들이 교회 울타리 밖에서 '고백과 나눔'의 공동체를 가지고 있었다는 것은 아이러니하다. 왜냐하면 교회 내에서는 '고백과 나눔'을 잃어가고 있었기 때문이다. 12단계는 강박적/충동적 행동의 치유에 있어서 어떤 방법보다 효과적인 것으로 입증되었고, 1980년대 헨슬린Earl Henslin을 중심으로 AA에게 빌려주었던 Oxford Group 신앙의 원리를 다시 찾아와 기독교 버전인 '12단계의 지원그룹'을 만들어 회복 사역을 정착시켜왔다. 그러나 중독치료 전문병원들이 12단계를 거부해온 것처럼 교회 또한 같은 딜레마를 경험하게 되었다. 오히려 병원보다 더 큰 거부반응을 보였다. 성령 충만하고, 기도와 말씀이면 모든 것이 해결되는데 알코올 중독자들의 프로그램, 그 인본주의적인 프로그램을 어떻게 받아들이냐는 것이었다. 미국 교회의 몇몇 회복 사역자들이 용기 있게 AA의 12단계를 도입하여 이제는 기독교 버전으로 정착시키고 있다. 12단계 기독교 버전은 소그룹을 통한 그리스도인들의 영성 개발, 성장, 제자도를 위한 회복 사역 프로그램으로 발전되어 왔다. 12단계는 근본적인 원리에 기초를 두고 있는 하나의 지침일 뿐이지, 만병통치약은 아니며, 완전히 치유하시는 분은 역시 하나님이시다. 12단계 기독교버전은 다음과 같다.*

〈1부: 하나님과의 평화〉
  1단계, I Can't: 무력함과 통제 불능을 시인하기
  2단계, God Can: 믿게 되기
  3단계, Letting God: 하나님을 믿기로 결정하기

---

* Dale Ryan/정동섭 · 정지훈 역, 『영적 성장의 사다리 – 화해와 회복의 12단계』.

〈2부: 자신과의 평화〉

   4단계, Inventory: 도덕적 검토
   5단계, Confession: 잘못을 시인하기
   6단계, Getting Ready: 변화를 준비하기
   7단계, Asking: 하나님께 변화시켜 달라고 간구하기

〈3부: 다른 사람과의 평화〉

   8단계, Willingness: 기꺼이 보상하기로 마음먹기
   9단계, Amends: 보상하기
   10단계, Continuing: 끊임없이 보상하기

〈4부 평화의 유지〉

   11단계, Seeking: 하나님을 찾기
   12단계, Sharing: 메시지 전파하기

7. 12단계와 교회의 회복 사역 Recovery Ministry

   80여 년의 짧지 않은 AA 12단계 회복운동의 역사에도 불구하고 그동안 교회는 이에 대해 무지했다. 교회의 제도권 밖에서 일어난 운동이었기 때문이다. 헨슬린 Earl Henslin 회복운동에 힘입어 1980년대부터 미국교회는 12단계 회복그룹의 중요성을 인식하고 적극적으로 교회 사역의 일환으로 도입하기 시작했다. 가장 먼저 기존의 AA와 교회와의 다리를 놓은 것은 캘리포니아 풀러톤의 제일복음주의 자유교회

를 중심으로 일어난 '12단계 회복모임 Overcomers Outreach'이었다.

Overcomers Outreach는 12단계 원리를 기독교적으로 통합해 적용했으며 미국 45개 주에서 매주 10,000개 이상의 모임이 진행되는 회복 사역으로 자라났다. Overcomers Outreach는 비기독교인을 위한 자조그룹 self help group과 기독교인을 위한 지원그룹 support group을 동시에 진행하면서 비기독교인들이 교회로 연결될 수 있도록 도왔고 또 기독교인들이 좀 더 쉽게 12단계 회복그룹에 참여할 수 있도록 도왔다. 『가족치유·마음치유 – 역기능 가정에서 자라난 성인아이를 위한 치유 안내서』(1992)의 저자 팀 슬레지 Tim Sledge 목사의 침례교회는 지원그룹을 통해 성장한 사례다. 그가 저술한 지원그룹 교재는 4,000개 이상의 교회에서 회복 사역을 위해 사용되고 있다.

1) 윌로우크릭교회 Willow Creek Community Church

1990년도에 이르면서 미국교회는 더 적극적으로 회복 사역을 도입하기 시작했다. Willow Creek Community Church는 교회 울타리 밖에 있는 익명의 알코올 중독자 회복모임 AA, 익명의 약물 중독자 회복모임 NA: Narcotics Anonymous, 익명의 정서장애자 회복모임 EA: Emotions Anonymous, 익명의 섭식장애자 회복모임 OA: Overeaters Anonymous, 익명의 성중독자 회복모임 SA: Sexaholics Anonymous, 익명의 과소비자 회복모임 OSA: Overspenders Anonymous 등 다양한 12단계 그룹들이 교회 내에서 열릴 수 있도록 도왔다. 그리고 교인들도 참여할 수 있게 홍보했다.

2) 새들백교회 Saddleback Church

AA 12단계를 통해 알코올 중독에서 회복된 그리스도인인 존 베이커 John Baker 가 릭 워렌 Ric Warren 목사에게 12장에 달하는 자기가 체험한 회복 사역의 은혜와 타당성을 제출한 결과, 그 비전을 받아들여 '회복축제 Celebrate Recovery'를 시작하게 되었다. 이 사역은 10년이 못되어 30여 가지 회복그룹에 7,000여 명 이상이 회복 과정에 참여하게 되는 놀라운 사역으로 발전되었다. 참석자의 80% 이상이 불신자였고 그중 65%는 헌신적인 그리스도인이 되었다. 회복축제 프로그램은 캘리포니아 지역을 중심으로 각 지역교회로 확산되고 있다. 매년 8월이면 범세계적으로 '회복축제' 컨퍼런스를 개최하여 회복 사역에 뜻을 같이 하는 분들이 3박 4일 동안 회복 사역을 나누고 있다.

새들백교회의 회복 사역을 위한 지원그룹은 좀 더 다양하다. 분노, 약물 의존, 섭식장애, 재정 회복, 죄와 수치심, 섹스 중독, 성·신체·정서/언어 학대, 약물 중독 가정의 성인아이, 관계중독, 알츠하이머, 복역수 가족, 우울증, 임신중절, 불임, 별거남성/여성, 사별모/부, 자녀사별, 새 부모의 재결합, 이혼, 재혼 등의 지원그룹들이 존재한다. 새들백교회의 경우 이러한 회복 사역의 프로그램들을 교회의 입구에 마련되어 있는 안내 데스크를 통해 새 신자들에게 홍보하고 있다.

새들백교회는 새 신자들에 베푸는 교리교육 대신 먼저 회복 사역을 통해 응급 처치를 한다. 교리교육은 교회에 소속감을 가진 연후에 연차적으로 실시하고 있다. 회복 사역의 시작과 함께 새들백교회의 전체 성도 60%가 이 그룹에 참여했고, 이듬해 타교회의 성도들이 80%를 차지하더니 15년이 지난 현재는 지원그룹의 참여자 85%가

새 신자들이다. 이들은 지원그룹을 통해 먼저 치유와 회복을 체험하고 자연스럽게 교회에 등록하게 된다. 수치와 두려움으로 이러한 아픔과 고통들을 숨기거나 부인하는 한국교회의 실정에 비추어 볼 때 매우 충격적인 장면이라고 생각된다.

3) 세이비어교회 Savior Church의 치유와 회복공동체

또 다른 중요한 회복 사역 모델은 워싱턴 D.C.에 위치한 고든 코스비 Goden Cosby의 세이비어교회다. 1947년 교회 창립 이래 교인 수가 한 번도 200명을 넘지 않은 이 작은 교회는 현재 미국을 움직이는 위대한 교회가 되고 있다. 내적인 영성 Inward Journey과 외적인 사역 Outward Journey의 조화, 비인격화와 제도주의를 배격하는 공동체 정신으로 이 교회는 의도적으로 외형적 성장을 거부하면서 세상을 변화시키는 회복 사역을 하고 있다. '행함 doing' 이전에 '존재 being'의 중요성을 다양한 훈련(예: servant leadership school 등)을 통해 생생하게 보여주는 교회다. 헨리 나우웬 Henri Nouwen이 이곳을 방문하여 그 정신을 배워갈 정도였다. 지금은 미혼모, 노숙자, 실업자, 알코올 중독자, 약물 중독자들을 위한 사역 등 7개 분야에 70여 가지의 회복 사역을 진행하고 있다. 세이비어교회의 회복 프로그램은 치료율이 너무나도 높아서 미국이 국가 차원에서 관심을 가질 정도다. 세이비어교회의 회복 사역 모델은 대형 교회가 아닌 중소형 교회도 얼마든지 회복 사역을 할 수 있음을 보여주는 좋은 사례다.

100여 명의 도시 청소년들을 위한 멘토링과 과외 프로그램 사역, 매년 1,000명의 실업자들을 훈련시키고 일자리를 찾아주는 취업사역, 34개의 침실과 의료진이 잘 갖추어진 노숙자를 위한 병원, 가난한 노인들을 위한 복지사역, 매년 500명이 넘는 알코올/마약중독자들을 치료하는 'Samaritan's Inn' 회복 사역 등이 있다. Samaritan's Inn 사역은 1988년에 시작되었다. 알코올 및 마약중독자들, 홈리스들을 집중 치료할 뿐만 아니라 치료 후 새로운 삶을 시작할 수 있도록 생활 공간을 제공하며, 이들을 위한 직업 훈련을 하는 사역이다. 28일 프로그램과 1년 6개월 사회적응 훈련을 통해 95% 이상의 중독자들이 완벽하게 치유되고 있다. 1년 7개월의 훈련을 통해 회복된 사람들에게 350채의 아파트를 1년간 임대해주고 1년 후에는 후배들에게 물려주기 위해 자립을 권하는 주택사업도 시행하고 있다. Samaritan's Inn 1년 7개월 프로그램은 아래와 같다.

- Intensive Recovery Program: 28일 Group Home
- Transitional Living Program: 6개월 Group Home
- Longer-term Housing Program: 1년 One Room

4) 풀러신대원 회복 사역

풀러신대원에서는 데일 라이언Dale Ryan 교수를 주축으로 국제회복사역센터Christian Recovery International가 세워졌고, 회복 사역을 전공으로 하는 M.Div. 과정이 개설되어 학문적 연구도 활발하게 진행되고 있다. Dale은 제주 열방대학은 물론 매년 온누리교회의 회복축제의 주강사로 세미나를 인도했다.

5) 회복 사역은 다음과 같은 사람들을 위한 사역이다

- 강박관념, 충동적인 행동, 중독 등으로 정상적인 생활을 하지 못하는 사람들
- 분노, 우울감, 수치감, 낮은 자존감, 불안 등 정서적 장애를 겪고 있는 사람들
- 죄책감, 정죄감, 율법주의, 하나님과의 친밀감 부족 등 영적 장애를 겪고 있는 사람들
- 이혼, 파산, 성폭력, 깨어진 관계, 스트레스 등의 후유증을 겪는 사람들
- 어린 시절의 상처가 해결되지 않아, 성인으로 살아가는 데 장애가 있는 사람들

6) 회복 과정에서는 다음과 같은 질문을 자신에게 계속하게 된다

- 나는 사람들과 잘 어울리고 권위자와도 좋은 관계를 맺고 있는가?
- 나는 다른 사람들에게 인정을 받고자 애쓰지 않고 자신을 있는 그대로 받아들이는가?
- 나는 관계를 형성할 사람들을 잘 선별하고, 그 관계 속에서 당당할 수 있는가?
- 나는 자신의 감정을 표현하는 능력이 개발되어 있는가?
- 나는 다른 사람들 위에 군림하지 않고 섬기려 하는가?
- 나는 친구들과 배우자를 부모처럼 지나치게 의존하는 어린애 같은 행동을 하지 않는가?
- 나는 내 영혼(내면)의 필요에 관심을 기울이고 있는가?

8. 회복 사역의 원리

1) 자가치유

회복 사역은 환란 중에 하나님으로부터 자신이 받은 위로로써 고통 중에 있는 다른 이들을 위로하라는 성경 말씀처럼 자신의 아픔을 극복한 사람이 같은 어려움에 있는 다른 사람들의 회복을 돕는 소그룹 사역이다(고후 1:4). 소그룹은 예수님의 제자훈련, 초대교회, 역사적으로 일어난 대각성 운동에서 사용되어온 방법이다. 기존의 치유사역과는 달리, 같은 문제를 겪고 있으면서 회복의 여정을 걸어가고 있는 사람들이 특정 목회자나 상담자를 의지하기보다 소그룹 속에서의 나눔을 통해 스스로 회복되는 "자가치유 self-help" 원리를 따르고 있다.

2) 조력자 치유

자신과 비슷한 문제로 고통 중에 있는 다른 사람들을 보살피는 과정을 통해 자신의 치유를 경험하는 "조력자 치유 helper-therapy" 원리를 따르고 있다.

3) 영적, 정서적 지원

회복의 영적 여정은 혼자서 이루어지는 것이 아니다. 진정한 치유와 영성의 회복은 영적, 정서적 후원 속에서 자신의 실패와 약점, 상처, 비밀을 고백하고 나눌 수 있는 안전한 사람, 안전한 공동체를 필요로 한다. 같은 문제를 가진 사람들이 매주 모여 성급한 충고나 조언을 하지 않고 그 주간에 경험한 실패와 성공, 희망을 있는 그대로 나누면서 지지받는 경험을 통해 참여자는 자기 개방, 정직, 겸손 등을 배우며 참된 자신이 되어갈 것이다.

4) 회복 사역의 유익

- 다른 사람들과 삶 속에 있는 실패와 성공, 희망을 나누고 들으면서 하나님의 음성을 듣게 해준다.
- 자신의 감정을 멀리하지 않고 자신에게 어떤 감정이 있는지 발견하고 나누도록 도와준다.
- 비슷한 문제를 겪고 있는 사람들이 자신의 내면을 나누는 안전한 환경을 제공해준다.
- 구체적인 상황 속에서 취할 수 있는 단계를 대신 찾아 주지 않고 스스로 찾게 해준다.
- 취약한 상태에 머물지 않고 자신의 장점을 발견하게 도와준다.
- 대신 선택을 해주거나 구출해주는 것이 아니라 스스로 선택하고 책임지게 해준다.
- 변화와 성장을 지원해 주고 모험을 할 수 있도록 격려한다.
- 하나님의 말씀을 실제적으로 삶에 적용할 힘을 얻게 된다.
- 서로의 문제에 대해 공동으로 싸워나갈 수 있는 용기를 얻게 된다.

5) 회복의 다섯 가지 원리

첫째, 문제가 있다.

둘째, 그것은 내 문제다.
셋째, 시간이 걸린다.
넷째, 관계 안에서 치유된다.
다섯째, 영성 안에서 회복된다.

9. 회복 사역과 한국교회의 실상

1) 상담 및 가정 사역의 현주소

상담과 가정 사역의 방법론에는 1차적 개입의 교육/예방, 2차적 개입의 상담/치유, 3차적 개입의 회복/재활이 있다. 상담과 사역의 대상은 작게는 개인으로부터 시작하여, 부부, 가족, 공동체, 사회를 포함한다.

그동안 한국교회가 중점적으로 다루어온 상담과 사역프로그램은 주로 '상담학교', '가정 사역학교', '아버지 학교', '어머니 학교', '결혼 예비학교', '부부 행복학교', '대화학교' 등의 핵가족을 중심대상으로 하는 사역이었다. 이것은 2차적 개입인 상담/치유보다는 교육중심, 세미나 중심의 1차적 개입의 교육/예방사역이었다고 여겨진다. 그나마 1, 2차적 접근을 시도했던 내적 치유, 알파코스, G12 등은 상담을 전공한 이들의 사역이라기보다는 다분히 은사 치유자들의 접근으로 '가계의 저주 신학'과 연계되면서 찬반론이 많았던 사역이었다. 이러한 교육/예방의 1차적 개입은 유명 강사 한두 명에 교육관과 성도들만 있으면 쉽게 접근할 수 있는 프로그램이었다. 이 프로그램들은 주로 핵가족을 위한 교육/예방적인 사역으로 가정의 회복을 위해 큰 공헌을 한 모델들이라고 판단된다.

〈예방/교육, 상담/치유, 회복/재활〉

	1차 개입 예방/교육	2차 개입 상담/치유	3차 개입 회복/재활
개 인	성경학교, 상담학교	개인상담	유형별 지원그룹
부 부	부부행복학교	부부상담	복수부부 지원그룹
가 족	학부모교육	가족상담	복수 가족 지원그룹
공동체	아버지/어머니학교	집단상담	공동체 지원그룹
사 회	직장인 상담학교	직장상담	직장 지원그룹

그러나 한국은 48퍼센트 이상의 이혼율과 재혼의 증가로 인한 복합가정의 증가, 재혼가정의 이혼율 증가 그리고 중독된 사람·학대받은 사람·정서적 외상을 받은 사람들의 증가 등으로 인해 빠른 속도로 가정이 붕괴, 해체되어 가고 있는 실정이다. 이러한 가정에 대해 교회의 1차 개입인 교육/예방적 접근만으로는 그 붕괴의 속도를 따라잡을 수 없는 시대가 되었다. 이제는 핵가족을 돌보는 사역과 아울러 특수한 성격을 지닌 가정들, 이를테면 이혼 가정, 사별 가정, 미혼모 가정, 여러 유형의 중독자 가정, 성 학대·신체학대·정서/언어적 학대의 가정, 학대로 인해 외상으로 고통당하는 가정, 복합 가정 등에 2차 개입의 상담/치유와 3차 개입의 회복/재활사역을 어우르는 회복 사역의 프로그램이 마련되어야 할 것이다.

2) 한국교회의 실상

한국에서는 인천가정문화연구원(노용찬 목사)과 가족관계연구소(정동섭 교수) 등에서 지원그룹을 소개하고 운영해왔고, 한국회복사역연구소(고병인 소장, 현 고병인가족상담연구소) 등이 중독자와 동반의존자들을 위한 지원그룹 사역을 해왔으나 한국교회 전반으로 확산되지는 못했다. 일반 상담소들은 집단상담에만 관심을 기울이고 있었고 교회는 상담학교, 가정 사역을 중심으로 하는 교육사역과 성령사역을 통한 내적 치유에 관심을 기울였을 뿐 공동체적인 지원그룹 모델은 없었다.

1980년대가 내적 치유가 소개된 시대라면, 1987년에는 찬양사역, 1990년대는 가정 사역이 화두에 올랐던 시대였다. 많은 교회들은 교육중심의 상담학교와 가정 사역을 하면서 치유사역을 하고 있다고 말했다. 교육사역과 치유사역의 경계선이 모호한 시대였다. 그런 와중에 IMF 사태를 전후로 아버지학교 운동이 급성장했다. "아버지가 살아야 가정이 산다"라는 표어는 역기능 가정의 부부들에게 오아시스였다. 그것은 엄밀히 따지면 교육 사역이었다.

2000년대에 들어서자 이혼율이 높아지고 중독·학대·외상 등 각종 사회문제가 불거지면서 내적 치유도 시들해지고 찬양사역도 시들해졌다. 그리고 교회의 교육사역의 한계가 드러나기 시작했다. 신학대학과 신대원이 상담학을 외면하는 사이 우후죽순처럼 상담대학원이 생기면서 전공자들을 배출했다. 전공자들 중에는 교회에서 자신들의 마음을 치유 받지 못했던 크리스천들이 많았다. 상담의 패러다임이 마련되지 않은 목사와 교회는 대학원을 졸업한 크리스천 상담학 석·

박사들을 인본주의라고 배척하면서 좋은 크리스천 사역자들을 놓치고 있는 실정이다. 교회에 설자리를 마련하지 못한 전공자들은 상담센터를 마련하여 교회 울타리 밖에서 상담을 하고 있는 실정이다. 이러한 갈등 속에서 치유와 회복을 요구하는 사람들이 늘어나기 시작했다.

3) 열방대학

회복 사역이 본격적으로 한국에 소개된 것은 2001년 제주 열방대학에서 열렸던 ABC과정(중독 상담학교 과정) Addictive Behavior Coun-seling School 의 영향이 컸다고 생각한다. 정신과 의사이자 국제물질남용중독협회 ISAAC 회장, 국제예수전도단 YWAM 열방대학 중독상담사역 국제대표인 다빈 스미스 Darvin Smith 박사는 미국의 유수한 회복 사역 전문가들을 제주 열방대학 ABC과정의 강사로 초청하여, 국내외의 사역자들에게 3개월간 강의와 3개월간의 Outreach를 통해 중독상담학교 수료자 30명을 배출하였다. 수료 후 이들은 세계적으로 흩어진 YWAM Camp를 통해 중독자들의 회복을 돕는 사역자가 되었다. 지금도 2년에 한 번씩 제주 열방대학에서는 중독상담학교가 개설된다. 아래는 당시 초청되었던 강사진들이다.

- Archibald Hart, 『숨겨진 중독』
- David Stoop, 『부모를 용서하기 나를 용서하기』
- Sandra Wilson, 『상한 마음으로부터의 자유』
- Mark Laser, 『적응의 아름다움: 나쁜 삶의 중독에서 벗어나게 해주는 인생지침서』

- Jane Frank,『소망의 문: 성적 학대로부터의 치유와 회복』
- Dale Ryan,『중독 그리고 회복』,『영적 성장의 사다리 – 화해와 회복의 12단계』

정동섭 교수는 전체적인 세미나의 통역을 맡아주었고, 후에 Dale Ryan의『중독 그리고 회복』,『12단계 영적 성장의 사다리』를 번역하여 한국에 회복 사역을 알렸다. 고병인은 자신의 책『중독자가정의 가족치료』로 한국의 상황에 대해 강의했다. 정동섭 교수와 고병인은 2014년까지 제주 열방대학의 ABC과정의 주강사로 강의를 했다.

4) 온누리교회와 새중앙교회의 회복축제

제주도 열방대학의 회복 사역의 열기는 이듬해 2002년 온누리교회와 새중앙교회에서 회복 사역축제와 컨퍼런스가 비슷한 시기에 열려 열매를 맺었다. 양 교회 모두 1,300여 명이 참석하는 세미나였다. 온누리교회는 Archibald Hart를 주강사로 초청하였고, 국내에서는 고병인 교수, 이기복 교수, 정동섭 교수, 송길원 목사, 정성준 선교사, 이기원 목사(온누리 회복 사역운동 본부장) 등이 강의를 맡아 3일간의 축제를 열었다. 새중앙교회에서는 고병인과 정성준 선교사가 주강사가 되어 3일간의 축제를 마무리할 수 있었다.

지금은 목동 열방교회, 대구 드림교회, 안산광림교회, 제주순복음교회, 지구촌 교회, 목동 지구촌교회, 동안교회, 대구 불꽃교회, 성사순복음 교회 등 그리고 40대 목사들의 교회에서 회복 사역을 진행 또는 계획하고 있으며 점점 더 많은 교회가 이 사역에 관심을 기울이고 있는 상태다. 이와 함께 한국회복사역연구소(현 고병인가족상담연구소)가 설립되어 회복 사역자를 양성하기 위한 전문화된 지도자 과정을 제공하고 있다.

21세기는 바야흐로 회복 사역의 시대가 아닌가. 그것은 우리 사회가 그만큼 복잡한 병리적인 문제를 갖고 있다는 것을 뜻하며, 그만큼 개인의 영혼과 가정, 사회를 치유해야 할 교회의 역할이 커졌다는 것을 의미한다. 한국교회는 이러한 시대적 부르심을 간과하지 말고 치유하는 교회로서의 사명을 다해야 할 것이다. 그러기 위해서는 신대원에 목회상담 전공학과를 개설하여 목회상담에 훈련된 목사들이 목회사역을 감당해야 할 것이다. 21세기 목회는 인지에 호소하는 설교, 성경공부, 가정 사역 등의 주입식 교육으로는 변화해 가는 시대를 따라잡지 못할 것이다. 이제는 양들의 마음을 읽고 공감하는 마음의 목회의 시대를 열어야 할 것이다. 그러기 위해서는 목사들의 패러다임이 생각의 목회에서 마음의 목회로 전환되어야 할 중대한 시기에 와있다고 생각된다. 예수 그리스도의 3대 사역은 말씀/선포Preaching, 교육/가르침Teaching, 치유Healing이다. 한국교회는 Preaching, Teaching에 의해 성장한 교회다. 그러다보니 Healing이 빠진 듯한 아쉬움이 있다. 인지에 호소하는 생각의 목회는 Preaching, Teaching이다. 마음의 목회에서만 진정한 Healing을 경험할 수 있다. 왜냐하면 상처는 인지/생각에 머무는 것이 아니고 마음에 자리하고 있기 때문이다. 교회는 인지적인 호소인 설교와 교육을 통해 생각을 변화시키면 행동이 성숙화 된다고 믿는 것 같다. 마음이 치료되어야 생각이 변화되고 또한 행동이 성숙해지는 원리를 모르기 때문인 것 같다.

10. 교회의 전통적인 소그룹과 지원그룹의 차이

교회 내에 전통적인 소그룹은 일반적인 사람들에게 돌봄을 제공하는 데에는 효과적이지만, 중독 된 사람·학대받은 사람·정서적 외상을 가진 사람에게는 도움이 되지 않는다. 그것은 전통적인 소그룹이 지원그룹과 다르고 서로 다른 목적으로 설계되었기 때문이다.『중독 그리고 회복』의 저자 데일 라이언은 그 차이점을 다음과 같이 설명한다.

> 첫째, 소그룹은 보통 모두에게 열려있다. 지원그룹은 보통 대상이 구체적이다(예: 알코올 중독자회복 지원그룹. 알코올 중독자 가족회복 지원그룹 등).
> 둘째, 소그룹은 훈련을 중시하고 리더십의 창의성을 장려한다. 지원그룹은 전통적인 리더십 형태를 종종 불신하고 상세히 명시된 지원그룹 가이드라인의 형태를 따른다. 보통 돌아가면서 리더가 될 수 있다.
> 셋째, 소그룹은 사교적 네트워크와 지원에 목표를 둔다. 지원그룹은 개인적 변화에 목표를 둔다.
> 넷째, 소그룹은 인지적인 면을 강조한 토론중심이고, 비밀 보장이 거의 안 되며, 점진적으로 자신이 누구인지 알려나가며, 충고하고 아이디어를 명확하게 만드는 것이 중요시된다. 지원그룹에서는 정서적인 면을 강조한 간증이 중심이고, 비밀보장이 필수이며, 고백하는 것이 처음부터 약속되어 있고, 끼어들어 말하는 것이 금지되어 있다.

다섯째, 소그룹은 보통 교회와 같은 기준을 갖고 있다. 지원그룹은 영적 학대 문제에 매우 민감한 경우가 많아 때때로 교회의 영성과 차이가 있다(예: 12단계).

여섯째, 소그룹은 보통 교회의 다른 그룹, 즉 주일 학교와 공통적인 사회기준과 전통을 갖고 있다. 지원그룹은 교회의 다른 그룹과 다른 사회 기준과 전통을 가질 수 있다(익명사용, 그룹기도 등).

11. 나오는 말

3세대가 매주 같은 시간에 모일 수 있는 장소는 하나님께서 교회 밖에 허락하시지 않았다. 그러나 교회에 애써 출석한 3세대를 세대별로 구분하여 관계 집단인 가족을 조직적인 집단으로 흩어 놓는 경우가 많다. 3세대가 모이는 교회는 회복 사역을 할 수 있는 전략 요충지이기도 하다. 가정은 하나님께서 허락하신 일차 집단이며 관계 집단이다. 교인들은 관계 집단인 가정으로부터 나와 교회에 출석한다. 그러나 교회는 조직과 권력 집단이요, 과업 지향적인 이차 집단이다. 교회가 조직적이고 권력 지향적이며 과업 지향적인 이차 집단으로 남아 있는 한 교회에 건전한 회복 사역의 뿌리를 내릴 수 없다. 목회자와 교회 지도자들은 먼저 가정과 교회의 구조를 관계 집단으로 변화시켜야 한다. 그래야만 회복 사역이 교회에 자리 잡을 수 있으며 특수한 상황에 처해 있는 성도들이 가슴을 열고 아픔과 고통을 고백할 수 있는 가정 같은 교회 공동체를 마련할 수 있다.

앞으로의 목회가 여전히 교회 성장 지향적이라면 급변하는 세속의 바람을 막을 힘을 상실하게 될 것이다. 회중의 요청과 요구를 무시한 채 목회자의 스타일대로 교회를 끌고 가는 목회로는 다변화해가는 21세기를 대항할 수 없다. 미래 지향적인 교회 지도자들은 회중의 요구에 민감해야 된다. 그들의 요구의 진원지가 그들의 삶의 터전인 가정임을 망각해서는 안 된다. 교회 지도자들은 회중들의 삶의 현장과 동떨어진 구원의 메시지로는 그들의 고통스런 가슴을 파고들 수가 없음을 알아야 한다. 회중들은 자신들의 삶의 현장과 무관한 메시지를 외치는 교회에 등을 돌리게 되며 자기들의 고통의 이야기를 들어줄 수 있는 교회로, 검증되지 않은 내적 치유나 축사 등의 현장으로 때로는 사이비 이단 종파로 자리를 옮기게 된다는 것을 잊어서는 안 될 것이다.

회복 사역은 많은 장점이 있음에도 불구하고 한국의 일반 교회에서 쉽사리 적용하지 못하는 실정이다. 문제가 있는 성도나 가정을 신앙이 없는 성도나 가정으로 간주한 뒤, 교회에 열심히 출석해 기도와 성경 공부를 많이 하면 고칠 수 있다고 생각하는 교회의 분위기가 가장 큰 장애물이기도 하다. 많은 사람들이 내면의 상처로 인해 힘들어하고 있다. 위로와 치유를 맛보게 하는 회복 사역은 병든 세상을 고치는 교회의 사명에 걸맞게 확대되어야 한다고 생각한다. 어떤 의미에서 교회는 영적 종합병원이라고 생각된다. 영적으로 아스피린이 필요한 사람, 위장약이 필요한 사람, 두통약이 필요한 많은 사람들이 갈급함을 가지고 교회에 온다. 교회지도자들이 회복 사역의 인도자 훈련을 받아 아픔과 고통의 유형대로 분류하여 이들에게 영적으로 필요한 약을 공급하여 복음이 전달될 수 있게 회중들의 마음을 먼저 회복하는 역사가 교회마다 있었으면 하는 바람이다.

치료공동체

주정식

(서울장신대/하늘빛공동체)

우리는 윤리적, 사회적으로 심각한 위기의 시대에 살고 있다. 과거에 우리를 이끌어주던 기본적인 가치—정직, 책임감, 존경, 신에 대한 믿음, 가족 그리고 사회—는 더 이상 영향력을 발휘하지 못하고 있다. 그러나 문제는 단지 이러한 전통적인 가치에 대한 이상들이 사라져간다는 데에만 있는 것이 아니다. 문제가 심각한 것도 두려운 일이지만, 많은 사람들이 이상이라는 것조차 가지지 않는다는 것이 더 큰 문제이다.[*]

이 시대 많은 사람들이 절대적인 가치를 잃어버린 채 살아가고 있다. 때로는 수동적으로, 때로는 너무나 적극적으로 나와 우리에게 소중한 진리와 가치를 잊고 살아간다. 원인은 다양하지만 그 뿌리는 개

---

[*] W. B. 오브라이언, E. 헨리캔/김은아 역, 『치료공동체 여정』(서울: 한국치료공동체 협회, 2004).

인주의와 자기중심주의에 있다. 약물 중독자들의 마음속 깊은 곳에는 동일한 외침이 있다. "난 내가 하고 싶은 것을 할 거야. 비록 그것이 불법이고 해롭다고 할지라도." 중독자들은 자신들의 중독습관에 대해 처음에 스스로의 힘으로 벗어나려고 애를 쓴다. 중독으로부터의 자유를 위해 수없이 시도하고 실패를 반복하면서 중독자들은 절망의 늪에 빠지게 되고 자포자기가 되어 더 심한 중독으로 이어진다. 그런데 중독으로부터의 자유에 대하여 희망의 빛을 발견한 많은 사람들이 있는데, 바로 공동체를 통해서이다.

어릴 적 의미 있는 양육자와의 관계에서 좋은 관계를 형성하지 못하고 불안정 애착으로 인해 자기 자신에 대한 부정적인 감정을 내적으로 형성한 사람은 성인이 되어서도 타인과의 관계에서 긍정적이고 친밀한 관계를 형성하는 데 어려움을 겪을 수 있다.* 하지만 내면의 상처로 인한 심리적 부적응과 자신에 대한 부적절한 감정들은 좋은 치료적 관계를 통하여 치유될 수 있다. 치유적 관계란 그의 조건, 행동, 감정과 상관없이 무조건적 가치의 사람으로서 따뜻하게 존중받을 수 있는 환경을 말하며 그를 독립적인 인간으로 존중해주는 것을 의미하며 그 자신만의 방법으로 자신의 감정을 기꺼이 느끼고 나타낼 수 있는 것을 말한다. 그렇게 될 때 그는 따뜻하고 안전한 관계 속에서 한 인간으로서 누군가를 진정으로 좋아하고 존중해주는 것을 배우게 된다.** 이러한 치유적 관계는 전문적으로 훈련받은 치료자일 수도 있고, 가족 또는 좋은 신앙공동체일 수도 있다.

---

* Susan Goldberg/주은지 역,『애착과 발달-통합적 접근』(서울: 학지사, 2014).
** Carl R. Rorers/주은선 역,『진정한 사람되기 - 칼 로저스 상담의 원리와 실제』(서울: 학지사, 2009).

애착과 관련한 원숭이 연구에서 안전애착을 빼앗기고 그들 집단의 다른 원숭이들에게서 고립된 채로 길러진 원숭이들은 원숭이 사회로 돌아왔을 때 적응하거나 살아남는 데 극도의 어려움을 갖게 되었다. 역기능적인 행동 패턴을 버리는 데 어려움을 겪었고, 적절한 감정과 신호를 읽거나 표현할 수 없어서 다른 원숭이들과 빈번하게 싸움에 빠지고, 종종 자해적이고 공격적이고 부적절한 성적 행동을 나타내었다. 그런데 이들 외로운 원숭이들이 건강한 애착관계를 지닌 '동료 치료사 원숭이들'과 함께 있을 때, 고립된 원숭이들의 행동이 변화되고 집단 안에서 다른 원숭이들과 적응적인 관계를 맺기 시작했다. 그러다가 동료 치료사 원숭이들에게서 멀어지게 되면 그들의 개선은 지속되지 않고 빠르게 악화되고 잘 기능하지 못했다.* 이 연구는 부모와의 빈약한 애착 경험이 치료적 함의를 가지고 있는 새로운 관계, 집단을 통하여 치유될 수 있음을 나타내준다.

파괴적인 중독의 힘으로부터 회복은 다른 사람의 도움이 절실하다. 우리는 중독과 관련된 스스로의 판단과 지각을 신뢰할 수 없으며, 전문가 또는 건강한 영적 교제를 통한 도움이 필요하다. 치료공동체의 도움을 구하는 것은 반복되는 불법 행위에 종지부를 찍기 위해 경찰에 자수하는 것과 같다. 하나님은 신앙의 동료들을 통해서 연약한 사람들을 치유하고 영적 여정으로 안전하게 인도해가신다. 신앙을 바탕으로 한 건강한 치료공동체는 서로의 공백과 흔들림을 채워준다. 내가 기도할 수 없을 때 동료들의 기도는 계속된다. 내가 자기만족에 안주할 때 동료들은 영적 성장을 위해 치열한 싸움을 멈추지 않는다.

---

* Philip J. Flores/김갑중 · 박찬아 역, 『애착장애로서의 중독』(서울: 도서출판 눈, 2011).

내가 회의와 갈등에 빠졌을 때 동료들은 평온함과 흔들림 없는 신뢰감을 보여준다. 내가 사랑으로 행동할 수 없을 때 나와 함께 있는 동료들은 여전히 사랑으로 행동할 수 있는 사람들이다.*

치료공동체의 가장 강력한 힘이 바로 여기에 있다. 나 혼자서는 결코 할 수 없는 일들이 함께 함으로 가능하게 된다. 구약성경 전도서의 말씀은 우리 모두에게 신앙의 좋은 동료 또는 공동체가 꼭 필요함을 잘 가르쳐 준다.

> 혹시 그들이 넘어지면 하나가 그 동무를 붙들어 일으키려니와 홀로 있어 넘어지고 붙들어 일으킬 자가 없는 자에게는 화가 있으리라 또 두 사람이 함께 누우면 따뜻하거니와 한 사람이면 어찌 따뜻하랴 한 사람이면 패하겠거니와 두 사람이면 맞설 수 있나니 세 겹 줄은 쉽게 끊어지지 아니하느니라(전 4:10, 12).

공동체의 정의에 대하여 서지오바니Sergiovanni는 "같은 이념과 이상을 가진 자율적 의지의 사람들에 의해 유대감이 형성된 집단"이라고 정의한다.** 이런 의미에서 기독교 공동체란 성서의 진리를 바탕으로 기독교 영성을 추구하는 사람들의 모임이라고 말할 수 있다. 기독교 영성의 핵심은 마태복음 22장 37-39절의 말씀처럼 마음을 다하고 목숨을 다하고 뜻을 다하여 하나님을 사랑하고, 이웃을 내 몸과 같이 사랑하는 것이다. 이러한 기독교 영성이 깊어질수록 중독을 일으키는

---

* Gerald G. May/이지영 역, 『중독과 은혜』 (서울: IVP, 2002).
** Thomas J. Sergiovanni, *Building Community in Schools*(San Francisco: Jossey-Bass Publishers, 1994).

자기중심적이고 이기적인 성품이 점차 변하게 된다.

중독치료를 위한 치료공동체의 역사에서 익명의 알코올 중독자 모임인 AA~Alcoholics Anonymous~ 모임은 매우 중요하다. AA는 1935년 당시 알코올 중독자였던 빌 윌슨~Bill Wilson~과 밥 스미스~Bob Smith~에 의해서 시작되었는데, 1935년 미국 오하이오 주 애크런에서 신앙공동체를 통해 알코올 중독자들이 서로 돕는 가운데 치유가 될 수 있다는 사실을 발견하였다. 비거주 자조모임인 AA는 그 후 미국 전역과 각국으로 확장되었고 알코올 의존과 중독으로부터 해방되기를 원하는 사람들이 활동하는 국제적 상호 협력활동 모임이 되었으며, AA의 12단계 치유규칙이 세워졌다.*

영국에서는 정신과 의사인 맥스웰 존~Maxwell Jones~이 만성적 정신질환을 앓고 있는 사람들을 대상으로 치료공동체를 적용하여 효과를 보면서 건강한 공동체가 치유의 힘이 있음을 확인하였다.** 맥스웰 존은 치료공동체 원리로 구성원 간에 솔직하고 긍정적인 대화, 좋은 관계 맺기 등을 제시하였다. 맥스웰 존은 창의적이고 개방적인 사회환경과 체계가 창의적 인격***을 성장시킬 수 있다고 말한다.

1958년 샤를 데더리치~Charles Dederich~에 의해서 캘리포니아 산타모니카에 시나넌~synanon~이라는 작은 소그룹 모임이 결성되었다. 미국 치료공동체의 근원이라고 할 수 있는 시나넌은 AA에 의해 크게 영향을 받았고, AA창시자들은 옥스퍼드모임운동~Oxford Group Movement~과 연결되어 있

---

* Claire D. Clark, *The Recovery Revolution* (NY: Columbia university press, 2017).
** Jennifer A. Pealer, *Correctional Rehabilitation and Therapeutic Communities* (NY: Routledge, 2017).
*** Liam Clarke, *The Time of the Therapeutic Communities* (NY: JKP, 2004).

으므로 시나넌의 뿌리는 옥스퍼드모임운동이라고 할 수 있다.* 시간이 지남에 따라 시나넌은 여러 이름과 다양한 형태로 발전하여 현재 세계 여러 나라에서 수만 개 이상의 모임이 진행되고 있으며 효과적인 중독치료 모델로 인정받고 있다.

1963년 윌리엄 오브리언William O'Brien, 대니얼 캐스리얼Daniel Casriel, 데이비드 데이치David Deitch는 뉴욕에서 데이탑 빌리지Daytop Village라는 약물중독자 치료공동체를 열었다. 이것은 2015년에 또 다른 약물, 알코올 치유시설인 Samaritan Village와 통합하여 Samaritan Daytop Village로 명칭이 변경되었다. Daytop은 Drug Addicts Yield to Probation의 약자이다.

한국의 경우 현재 중독치유 공동체로 운영되는 곳은, 한국마약퇴치운동본부에서 운영하는 중독재활센터, 재단법인 한국중독연구재단(KARF)에서 운영하는 남성거주치유시설 감나무집, 여성거주치유시설 향나무집, 10명 정원의 사회복귀시설인 카프중간집, 라파공동체(태백의 예수원과 영국의 기독교치료공동체 켄워드 트러스트 모델), 한국다르크(일본 약물 중독자 재활시설 'DARC' 모델) 등이 있으며 그 외에도 여러 종교시설에서 운영 중인 치료공동체들이 있다.

치료공동체 외에도 중독자들이 정기적으로 모이는 자조모임self-help group이 있는데, 자조모임은 같은 종류의 중독 문제를 가진 사람들이 함께 모이는 자발적이며 비전문적인 활동이다. 자조모임은 구조화된 전문적 상담관계나 치료관계에서는 잘 표출되지 않는 욕구를 상호이해와

---

* Barbara Rawlings & Rowdy Yates, *Therapeutic Communities for the Treatment of Drug Users* (Philadelphia: JKP, 2001).

존중을 바탕으로 욕구표출, 지지, 직면을 통한 동료애를 경험할 수 있으며, 사회적 고립이나 은둔을 방지할 수 있고 주거, 보건, 고용 기회에 대한 다양한 정보도 도움 받을 수 있다. 현재 알코올중독자조모임 AA~Alcoholics Anonymous~, 약물중독자조모임 NA~Narcotic Anonymous~, 성중독자조모임 SAA~Sex Addicts Anonymous~, 도박중독자조모임 GA~Gambling Anonymous~ 등이 있다.

치료공동체의 치료 원리는 낮은 자존감 극복, 죄책감의 극복, 소외감 극복, 스트레스 해소, 성공경험, 인내심 훈련, 책임감 훈련, 관계 훈련, 직업 훈련 등이 있다. 즉 이전에 혼자서는 할 수 없었던 일들을 같은 아픔을 가지고 함께 모여 살면서 이제는 할 수 있게 되는 것이다.

치료공동체는 엄격한 규칙이 있다. 대개 중독자들은 스스로가 정한 규칙이나 사회적, 도덕적 규칙을 어기면서 지냈던 습관들을 가지고 있기 때문에 치료공동체에서는 공동체 규칙을 매우 엄격하게 적용한다. 일반적으로 공동체 규칙은, 약물금지, 폭력 또는 폭력 위협 금지, 성 행위 또는 성적 행동화 금지, 절도 금지 등이며 규칙을 어길 시에는 상황에 따라 경고 또는 퇴소된다.

치료공동체에서는 일반적으로 1년의 기간을 성공적인 회복으로 본다. 그 이유는 그동안 중독으로 인한 신경생리학적인 뇌손상으로부터의 회복을 위한 시간이 필요하기 때문이다. 약물이나 기타중독으로 인하여 도파민성 중뇌변연계의 정상적인 신경전달체계에 이상이 생기면 일, 가족, 취미생활 등 일상생활에서의 행복감을 느끼는 데 장애가 생기고 중독적 행동에 점점 더 몰입하게 된다.* 1년여 시간이 지나면서 손상된 도파민 체계가 서서히 회복되면 일상생활을 통한 행복감

---

* 드리 르샤르/윤예니 역, 『약물 중독』 (서울: 도서출판 눈, 2011).

이 차츰 높아지기 시작하면서 약물에 대한 생리학적, 심리적 의존이 줄어들게 된다. 그런 의미로 볼 때 공동체 안에서 1년의 기간은 맑은 정신으로 살아가는 새로운 습관을 형성하고 재발을 방지하기 위한 시간으로 꼭 필요하다.

치료공동체에 입소하게 되면 처음 2~4주 동안은 입소 및 적응 단계이다. 이 기간 동안 그동안 자신이 하고 싶은 대로 살았던 예전의 삶의 패턴을 버리고, 공동체의 규칙을 그대로 준수하며 지내는 습관을 배운다. 그리고 공동체에서의 자기 역할을 수행하게 되는데, 처음에는 간단한 일들을 맡았다가 점차 중요하고 책임감 있는 일들을 맡으면서 점차 공동체의 일원이 되어간다.

그 후 약 5~6개월 동안은 새로운 습관을 형성하는 단계이다. 이 기간은 지지와 직면을 통한 심리적 자기성장 단계이다. 매일 진행되어지는 공동체 모임과 자기고백적 치유시간을 통해 다른 사람들로부터 지지를 받고 '나도 괜찮은 사람'(I'm okay)이라는 자기 존중감을 경험하고, 나아가 다른 사람을 향하여 '너도 괜찮은 사람'(You are okay)이라고 지지를 해줄 수 있는 관계훈련과 내적인 힘을 경험한다. 아울러 공동체 생활을 통해 나타나는 자신의 단점에 대한 다른 사람의 솔직한 평가를 들음으로써 회피, 핑계, 합리화와 같은 위선을 벗어버리고 인정, 수용, 책임감 등 내면적 성숙함을 훈련하게 된다. 이때 몸의 건강을 위해 스트레칭, 헬스, 달리기, 산행 등을 실시할 수 있고, 마음의 건강을 위해 집단상담(감정표현, 감수성훈련), 개인 심리상담(쓴뿌리 치유, 내면아이 치유 애착 등), 독서치유(인지치료 및 나눔) 등을 할 수 있고 봉사활동(장애인, 요양원 등)을 통해 관계훈련을 할 수 있다. 또한 영적 성장을 위해 큐티, 기독교 명상기도, 기도(개인기도, 중보기도),

성경공부 등을 실시할 수 있다.

그 후 나머지 1년까지 기간은 새로운 습관을 더욱 강화시키는 단계이다. 이때는 사회복귀 준비단계를 겸하여 실시된다. 날마다 반복되는 그룹모임을 통한 자기성찰과 관계훈련, 청소 등 역할을 통한 책임감 훈련, 단약 또는 단주의 지속과 같은 습관들을 유지하고 더욱 강화함을 통해서 자기효능감을 지속적으로 성장시킨다. 이 기간에 잘 준비가 된 사람에 한해서 아르바이트 또는 직업을 가지고 공동체 생활을 하기도 한다. 사회로 복귀하기 전 멘토그룹을 형성하는 것이 중요하다. 멘토그룹은 한 사람의 중독자에 대하여 가능하면 오래도록 지속적인 관심과 지지를 해 줄 수 있는 그룹을 의미하는데 예를 들어 아버지학교, 어머니학교, 중보기도학교 등을 모범적으로 이수하고 교회적, 사회적으로 존경을 받는 사람들이면 적합하다고 여겨진다.

치료공동체에서의 생활은 잘 짜인 일정에 맞추어 진행되는데, 하루를 시작하는 아침모임과 일과를 마치고 모이는 저녁모임이 매우 중요하다. 아침모임은 다음과 같은 순서로 진행하는 것이 좋다.

전반부

- 공동체 철학 읽기
- 오늘의 주제 나누기(주제에 대한 개인적 각오 등)
- 오늘의 뉴스, 일기예보, 노래 등 공동체 의식을 높이고 하루를 활기차게 시작할 수 있는 프로그램을 실시
- 칭찬하기(공동체에 따라서 아침모임에 서로 잘못한 것을 지적하기도 하는데 지지는 비교적 아침에, 직면은 저녁모임에 실시하는 게 좋다.)
- 큐티 나눔(실천 계획)
- 기도 짝(하루 또는 한 주간 서로를 위해 중보기도)

```
┌─────────────── 후반부 ───────────────┐
│  • 공지사항(하루 일과, 정보제공)        │
│  • 인사말과 포옹                      │
└──────────────────────────────────────┘
```

저녁모임은 다음과 같은 순서로 진행하는 것이 좋다.

```
┌──────────────────────────────────────┐
│  • 하루 일과 정리                     │
│  • 지지(칭찬), 직면(잘못 교정)         │
│  • 치유명상(침묵으로 하나님, 나, 너, 공동체 명상)│
│  • 기도 짝 고백(어떻게 중보기도 했는지) │
│  • 큐티 나눔(실천 결과)               │
│  • 공지사항                          │
│  • 인사말과 포옹                      │
└──────────────────────────────────────┘
```

공동체 아침모임에서 함께 낭독하는 공동체 철학 읽기의 내용은 다음과 같다.

◆ **치료공동체 철학(리처드 뷔바이스**Richard Beauvais**)**[*]

나는 나 자신에게조차도 피난처를 찾을 수 없어

마침내 여기에 왔습니다.

나는 다른 사람들의 눈과 마음으로

나 자신의 참모습을 볼 수 있을 때까지 쉬지 않고 나아갑니다.

나는 나의 비밀을 다른 사람들과 나눌 수 있을 때까지

---

[*] 차진경 외 6인, 『치료공동체 적용실제』 (서울: 한국음주문화연구센터, 2009).

평온하지 않습니다.
다른 사람들에게 나를 알리는 것을 두려워한다면 나는 결코 나 자신과 다른 사람들을 알 수 없으며
혼자 남겨질 수밖에 없습니다.
우리들의 공동체가 아니라면, 나 자신을 비추어 볼 수 있겠습니까?
우리가 이곳에서 삶의 의미를 함께 찾고 나누어 참된 내 모습을 찾을 수 있다면,
나는 더 이상 두려움에 떨고 있는 소인도 아니고, 꿈으로 치장된 거인도 아닙니다.
전체의 일부인 한 사람으로서 우리의 희망을 이루기 위해 내 몫을 다 할 때,
나는 공동체 안에서 뿌리를 내리고 성찰할 수 있습니다.
이제 나는 더 이상 죽은 이의 넋처럼 홀로된 존재가 아니라
나와 다른 모든 사람을 소생케 할 것입니다.

공동체 모임을 마칠 때는 다 같이 손을 잡고 다음과 같은 기도문을 함께 암송한 후 포옹한다.

◆ 라인홀드 니버의 '평온함을 구하는 기도'
주여,
저로 하여금
어쩔 수 없는 것을 받아들이는 평온함을 주시고
어쩔 수 있는 것을 바꿀 수 있는 용기를 주시며
그리고 이 두 가지를 구별하는 지혜를 주소서.

치료공동체에서는 AA의 12단계 중독치유 원리를 적용한다. 처음에 AA 모임에서 치유 원리로 적용하였던 12단계는 그 효과성을 인정받아서 이제 대부분 치유공동체의 치유원리로 적용되어 실시되고 있다. 중독의 종류에 따라 AA 12단계 중 해당되는 중독 명칭만 바꾸어서 사용하면 된다. 여기에서는 12단계와 함께 성경적 관점을 제시하였다.

1단계: 우리는 알코올에 무력했으며, 우리의 삶을 수습할 수 없게 되었다는 것을 시인했다.

대부분의 중독자들은 자신의 문제를 부정하는데, 이 부정을 기꺼이 받아들이는 단계가 1단계다. 안타깝게도 일부 중독자들은 1단계도 통과하지 못한 채 술에 취해 일생을 마감한다. 무력함을 인정하는 1단계는 위대한 반전의 시작이다.* 그것은 겸손이 아니다. 내 모습 그대로 하나님 앞에 서는 것이다. 제정신이 드는 것이다.

성경 로마서 10장 10절에서는 "사람이 마음으로 믿어 의에 이르고 입으로 시인하여 구원에 이르느니라"고 말씀한다. 다른 사람에게 나의 상태나 믿음을 입으로 시인한다는 것은 스스로 자기 말에 대하여 책임을 질 수 있게 한다.

2단계: 우리보다 위대하신 힘이 우리를 본정신으로 돌아오게 해주실 수 있다는 것을 믿게 되었다.

나를 비롯한 모든 사람은 다 불완전하고 연약한 존재들이다. 사람

---

*조근호, 『중독으로부터 회복을 위한 12단계』 (서울: 소울메이트, 2016).

들끼리는 서로 사랑하며 살아갈 존재이지 절대적으로 의지할 존재가 결코 아니다. 무력한 우리 모두에게 필요한 건 나보다 나를 더 잘 아시고 나를 진정으로 도우실 수 있는 하나님에게 진정으로 도움을 요청하는 것이다. 그것은 은혜의 통로를 만드는 시작이다.

성경 마가복음 9장 23절에서는 "예수께서 이르시되 할 수 있거든 이 무슨 말이냐 믿는 자에게는 능히 하지 못할 일이 없느니라"고 말씀한다. 진정한 믿음을 통해 하늘의 능력과 기적이 임하여진다.

3단계: 우리가 이해하게 된 대로, 그 신의 돌보심에 우리의 의지와 생명을 맡기기로 결정했다.

의지와 생명을 맡기는 것은 하나님에 대한 전적인 신뢰를 의미한다. 가능성을 두고 그냥 해보는 것이 아닌, 나의 전부를 걸고 나의 삶을 다해 하나님을 신뢰하는 것이다. 그 말은 곧 하나님의 말씀에 절대적인 권위를 두고 아무리 힘들어도 그 말씀대로 살아가기로 결심하는 것이다. 거기에 기도 생활이 큰 역할을 한다.

성경 고린도후서 5장 17절에서는 "그런즉 누구든지 그리스도 안에 있으면 새로운 피조물이라 이전 것은 지나갔으니 보라 새것이 되었도다"고 말씀한다. 모든 것을 걸고 그리스도 안에 거하는 삶을 선택하며 살아가는 사람은 누구라도 새로운 삶을 경험하게 된다.

4단계: 두려움 없이 우리 자신에 대한 도덕적 검토를 했다.

중독자들은 인정하고 싶지 않고 기억하고 싶지 않은 자신의 중독적 행위, 내적 성향을 성찰하는 데 두려움을 갖는다. 자신의 잘못이 드러날 때 다른 사람들에게 인정받지 못할 것 같은 두려움 때문이다.

그러나 중독 행동에 원인이 되는 내면의 깊은 상처, 스트레스, 죄성을 깨달을 때 중독으로부터 온전한 치유의 길에 들어서게 된다.

성경은 야고보서 1장 15절에서 "욕심이 잉태한즉 죄를 낳고 죄가 장성한즉 사망을 낳느니라"고 말씀한다. 자신의 욕심을 이루기 위해 하나님을 멀리 떠난 부패한 마음을 철저하게 깨닫는 것이 진정한 회복과 회개로 가는 길이다.

5단계: 우리의 잘못에 대한 정확한 본질을 신과 자신에게 그리고 다른 어떤 사람에게 시인했다.

자신이 중독자로서 행했던 모든 행동과 내면의 죄성에 대해 스스로 솔직히 인정하며 하나님과 다른 사람에게 고백하는 일은 결코 쉽지 않은 일이다. 하지만 그렇게 할 때 그동안 내면에 존재해 있던 어두움의 견고한 진이 무너지기 시작하며 하나님의 빛이 내면을 밝고 따뜻하게 비추게 된다.

성경은 요한일서 1장 8-9절에서 "만일 우리가 죄 없다 하면 스스로 속이고 또 진리가 우리 속에 있지 아니할 것이요 만일 우리가 우리 죄를 자백하면 저는 미쁘시고 의로우사 우리 죄를 사하시며 모든 불의에서 우리를 깨끗케 하실 것이요"라고 말씀한다. 하나님 앞에 자신의 죄를 침묵하면 다른 사람들에게 점점 더 거짓말쟁이가 되어간다. 솔직한 고백은 중독의 쇠사슬로부터 우리를 자유케 한다.

6단계: 신께서 이러한 모든 성격상 결점을 제거해주시도록 완전히 준비했다.

이전에 그토록 좋아했던 중독 행위를 완전히 그치고 이제는 하나님이 원하시고 기뻐하시는 일에 대한 완전한 순종을 결심하는 것이다. 이것은 하루아침에 되지 않는다. 매일 고백과 결심이 이루어져야 한다. 공동체 모임 시 큐티 나눔을 통해 날마다 과거의 잘못된 습관과 죄성을 버리고 성경 말씀에 근거한 새로운 습관을 형성하는 것이 필요하다.

성경은 빌립보서 3장 8-9절에서 "또한 모든 것을 해로 여김은 내 주 그리스도 예수를 아는 지식이 가장 고상하기 때문이라 내가 그를 위하여 모든 것을 잃어버리고 배설물로 여김은 그리스도를 얻고 그 안에서 발견되려 함이니"라고 말씀한다. 진리를 찾은 기쁨을 경험한 사람은 그 진리를 위해 다른 모든 것을 기꺼이 버리고자 하는 마음을 갖는다.

7단계: 겸손하게 신께서 우리의 단점을 없애 주시기를 간청했다.

자신의 잘못된 행동과 죄성을 철저히 깨닫고 새로운 삶을 결심한다 해도 스스로의 결심으로는 변화된 삶을 살 수가 없다. 겸손이란 부족한 내 모습 그대로를 인정하는 것이다. 나는 언제든지 문제를 다시 일으킬 수 있는 사람이라는 것을 인정하고 내가 온전한 행동과 정신으로 살아가기 위해서 하나님의 은혜와 도움을 위해 간절히 기도해야만 한다.

성경은 예레미야 33장 3절에서 "너는 내게 부르짖으라 내가 네게 응답하겠고 네가 알지 못하는 크고 은밀한 일을 네게 보이리라"고 말씀한다. 중독으로부터 회복하고자 하는 마음이 깊을수록 기도 또한 간절해진다.

8단계: 우리가 해를 끼친 모든 사람의 명단을 만들어서 그들 모두에게 기꺼이 보상할 용의를 갖게 되었다.

자기중심적 중독성향이 치유되기 시작하면 비로소 나로 인하여 상처를 받았던 다른 사람의 고통과 손해가 느껴지고 이해되기 시작한다. 그러면 자원하는 마음으로 상대방에 대한 보상을 하고 싶은 마음이 든다. 그렇게 할 때 타인에 대한 긍휼함과 내 자신에 대한 책임감이 회복되기 시작한다.

성경은 마태복음 5장 3-24절에서 "그러므로 예물을 제단에 드리다가 거기서 네 형제에게 원망 들을 만한 일이 있는 줄 생각나거든 예물을 제단 앞에 두고 먼저 가서 형제와 화목하고 그 후에 와서 예물을 드리라"고 말씀한다. 다른 사람들과의 관계가 어떠함이 나와 하나님과의 관계에도 연결된다.

9단계: 어느 누구에게도 해가 되지 않는 한, 할 수 있는 데까지 어디서나 그들에게 직접 보상했다.

해가 되지 않게 한다는 것은 나의 사과와 보상으로 인하여 의도치 않은 상처를 주지 않도록 지혜롭게 한다는 의미이다. 보상은 물질적인 것만이 아니라 정신적이고 영적인 영역까지도 해당되며, 중요한 것은 마음을 다하고 최선을 다하는 진실된 마음이다. 직접적인 보상이 어려운 경우에 그를 위해서 진실된 마음으로 중보기도 하는 것은 매우 훌륭한 보상이 될 수 있다.

성경은 누가복음 19장 8-9절에서 "삭개오가 서서 주께 여짜오되 주여 보시옵소서. 내 소유의 절반을 가난한 자들에게 주겠사오며 만일 뉘 것을 토색한 일이 있으면 사배나 갚겠나이다. 예수께서 이르시되 오늘 구원이 이 집에 이르렀으니…." 하나님을 향한 나의 마음과 믿음은 다른 사람에 대한 나의 태도로 나타난다.

10단계: 인격적인 검토를 계속하여 잘못이 있을 때마다 즉시 시인했다.

마음은 시간과 상황에 따라 변한다. 중독은 언제라도 재발될 수 있다. 자신에 대해 정직하게 반성하고 성찰하는 일은 날마다 그리고 순간마다 새롭게 이어가야 한다. 공동체의 다른 사람을 통해 알게 되는 자신의 잘못에 대해 언제나 솔직히 인정하는 것이 필요하다. 그것이 더불어 살아가는 공동체의 유익이다.

성경은 에베소서 4장 13절에서 "우리가 다 하나님의 아들을 믿는 것과 아는 일에 하나가 되어 온전한 사람을 이루어 그리스도의 장성한 분량이 충만한 데까지 이르리니" 영적 성장이 멈추어지게 될 때 중독의 유혹은 다시 크게 다가온다.

11단계: 기도와 명상을 통해서 우리가 이해하게 된 대로의 신과 의식적인 접촉을 증진하려고 노력했다. 그리고 우리를 위한 그의 뜻만 알도록 해주시며, 그것을 이행할 수 있는 힘을 주시도록 간청했다.

모든 중독의 뿌리는 스스로 온전히 설 수 없는 죄인이 하나님을 떠남에 있다. 중독으로부터의 온전한 회복은 하나님과의 관계 회복에 있다. 기도는 하나님을 향한 우리의 믿음을 강하게 하고 상황을 적극적으로 변화시키며, 명상기도는 하나님과 우리 자신의 관계를 바르게 하고 깊게 만든다.

성경은 빌립보서 4장 6절에서 "아무것도 염려하지 말고 오직 모든 일에 기도와 간구로 너희 구할 것을 감사함으로 하나님께 아뢰라"고 말씀한다. 성경은 우리에게 상황과 믿음이 좋아지면 저절로 기도가 될 것이라고 말하지 않고 도리어 기도를 하면 우리의 믿음과 상황이 좋아질 것이라고 수없이 반복하여 말한다.

12단계: 이런 단계들의 결과, 우리는 영적으로 각성되었고, 알코올 중독자들에게 이 메시지를 전하려고 노력했으며, 우리 일상의 모든 면에서도 이러한 원칙을 실천하려고 했다.

영적인 각성이란 더 이상 이전의 육적인 욕망에 지배당했던 삶이 아닌, 이제는 영적인 관점과 힘으로 자신의 삶을 통제할 수 있게 됨을 의미한다. 아울러 삶의 모든 영역을 영적으로 해석하고 그렇게 살아가기로 결심한다. 그리고 자신이 찾았고 경험했던 중독으로부터의 온전한 치유와 구원의 원리를 다른 중독자들에게 전하는 선교적인 삶을 살기로 결심한다.

성경은 마태복음 28장 19-20절에서 "그러므로 너희는 가서 모든 민족을 제자로 삼아 아버지와 아들과 성령의 이름으로 세례를 베풀고 내가 너희에게 분부한 모든 것을 가르쳐 지키게 하라 볼지어다 내가 세상 끝날까지 너희와 항상 함께 있으리라 하시니라"고 말씀한다.

치료공동체의 기본 원리인 12단계는 결국 하나님을 떠난 사람이 하나님을 다시 찾아가는 과정이라고 볼 수 있다. 우리 자신을 넘어선 영적 존재가 있음을 강조하며, 성격을 변화하도록 요구하고, 기도와 명상을 통해서 하나님과의 교제를 강조하며, 자신들의 삶을 하나님의 의지에 맡기도록 한다.*

---

* J.S. Tonigan, R.T. Toscova, and G.J. Connors, "Spirituality and the 12-step programs: A guide for clinicians", In: W.R. Miller, ed., *Integrating Spirituality Into Treatment: Resources for Practitioners*(Washington, DC: American Psychological

내 백성이 두 가지 악을 행하였나니 곧 그들이 생수의 근원 되는 나를 버린 것과 스스로 웅덩이를 판 것인데 그것은 그 물을 가두지 못할 터진 웅덩이들이니라(렘 2:13).

치료공동체는 중독으로 인하여 지치고 절망에 빠진 사람에게 생명의 쉼터이다. 지금도 전 세계 치료공동체들을 통하여 하나님 안에서 많은 생명들이 새롭게 태어나고 있다. 초대교회 그리스도인들이 그 엄청난 신앙의 박해 속에서도 카타콤과 같은 어두운 지하 동굴에서 순교의 각오로 신앙을 지켜나갈 수 있었던 가장 큰 이유는 함께 생활했던 신앙의 공동체 사람들 때문이었다. 만약 그들이 전부 혼자였다면 그 모진 핍박과 고통을 견디기 힘들었을 것이다. 신앙이 흔들리고 죽음이 두려울 때 함께 고민하고 함께 아파하고 죽음의 길조차 함께 갈 수 있는 서로를 보면서 그들은 자신들의 신앙을 지킬 수 있었을 것이다.

한국교회는 이전에 눈부신 교회 성장을 이루었다. 하지만 이제는 사회적으로 또한 교회 내에서도 소금과 빛의 역할을 제대로 하지 못하고 있다는 목소리들이 점점 커가고 있다. 이런 상황에서 개인적, 사회적으로 큰 문제가 되어가고 있는 중독에 대하여 교회가 전문적이고 체계적인 관심을 가지고 도움을 시작한다면 교회 영적 부흥에 큰 역할이 될 수 있다고 여겨진다. 총회와 노회를 중심으로, 한 노회에서 하나의 치료공동체를 지원할 수만 있다면 교회가 진리의 등대로서 세상을 다시금 환하게 비추게 될 것이다.

Association, 1999).

약물의존과 회복

박종연
(한국미디어상담연구소/중독치유연구소)

▶ 사례

장로님의 자녀로서 청소년기에 호주로 유학 가서 요리사로써 대학을 마치고 국내로 돌아와 식당을 운영하다 현재 폐업 상태이다. 청소년기 호주유학생활 중 대마초를 접하게 되고 한국에 오기 전까지 대마남용이 심각하였으며, 국내에서도 친구들과 같이 계속 대마를 사용하다가 대마밀수 혐의로 집행유예를 받고 현재까지도 대마를 끊지 못한 상태이다. 필로폰 사용자인 배우자를 만났으며 현재는 약물사용은 중단한 상태지만, 내담자와 관계가 좋지 못한 상태이며 서로 상대방을 약물 중독자라고 비난하고 있다.

위 사례와 같은 일은 현재 20~30대의 조기 유학을 경험한 친구들에게서 자주 나타나는 사례 중 하나이다. 다른 중독과 다르게 약물의존의 경우는 교회 안에서 발견이 매우 힘들 뿐만 아니라 가정 안에서도 모습이 잘 드러나지 않기 때문에, 대부분 약물사용이나 판매로 인해 경찰이나 검찰에 구속되어 가정에 출석통보서가 날아오기 전까지는 내 남편이, 내 자녀가 약물의존자인지 알기가 힘들다.

또한 우리나라 마약류관리에 관한 법률은 마약의 소지, 사용, 판매, 제조를 모두 법으로써 처벌하고 있기 때문에, 상담뿐 아니라 치유사역을 하는 데도 다른 문제들보다 훨씬 더 많이 생각하여 준비해야 하는 것이 약물상담이라 할 수 있다.

불법적 약물에 대한 것을 살펴보기 전 아동, 청소년기부터 어떤 약물들이 문제가 될 수 있으며 어떻게 문제를 살펴보고 접근할 것인지에 대해 살펴보기로 하겠다.

1. 아동기에 생길 수 있는 약물의 문제

현재 초등학교에서 약물로서 규정하고 예방교육을 하고 있는 것은 바로 담배(금연)에 대한 교육이다. 초등학교 아이들의 일부가 호기심에 담배를 사용하기 시작하는 것과 더불어 비타민 스틱이라는 담배 모양의 액체 비타민이 아이들 사이에서 유행하였다. 대다수는 호기심으로 담배를 사용하기 시작하지만, 일부 아동들은 니코틴에 의존이 될 정도로 심각한 남용이 있는 것도 사실이다.

초등학교에서 진행되는 약물 예방교육에서 담배, 술, 약물, 음란물, 도박 같은 것들을 누군가 권유하거나 호기심이 들 때마다 단호히 "아니오"라고 단호하게 이야기 할 수 있는 교육이 필수적으로 이루어져야 한다. 담배 피는 것을 목격하더라도 혼을 내어 죄책감을 만들어내기보다는 아이들 스스로 생각해보게 하고 어떻게 하면 담배의 유혹에 대해 이겨낼 수 있을지 방법을 함께 찾아보는 상담 방식이 효과적이다.

2. 청소년기에 생길 수 있는 약물의 문제

청소년기 중·고등학교에서는 기본적인 약물교육을 연 2시간씩 받는데 교육의 주 내용은 금연, 금주 교육이 주를 이루고 있으며, 거기에 더해 약물과 도박 교육이 추가되는 형식으로 진행되고 있다.

중·고등학생의 약물 문제는 기본적으로 흡연과 음주의 문제가 가장 큰 부분을 차지하고 있으며, 심각한 약물의 문제를 더 살펴보게 되면 유해화학물법으로 통제를 하고 있는 본드와 니스의 흡입이 문제가 된다고 볼 수 있다. 일반적인 약물 문제로는 에너지 붕붕음료라고 이야기하는, 공부할 때 주로 먹는 고카페인 음료들과 여학생들 사이에서는 진통제 다이어트, 남학생은 몸짱약이라고 하는 헬스용 보충제 등의 사용이 많다고 할 수 있다.

또한 일부에서는 공부 잘하는 약이라고 하는 ADHD 약이 학생들 사이에서 많이 사용되는 약물 중 하나이며, 몇 해 전에는 사이버 마약이라고 인식되었던 '아이도저'* 가 한 때 사회적 문제가 되기도 했다. 기본적으로 약물예방교육을 받고 있기는 하지만 오히려 교육으로 인

---
* 뇌에 작용하여 마약에 취한 것과 같은 뇌의 상태를 만들어내기 위해 만든 음원파일이다.

해 호기심이 더 발생해 해로운 약물 사용으로 이어지는 경우도 있으며, 유행처럼 약물의 사용이 일어나는 양상을 보이기도 한다.

고등학생의 경우는 현재 성인약물에 이르는 수준의 약물사용의 모습이 나타나는데 일본에서 유행을 하고 있는 일본산 허브마약[*]을 일본 현지나 인터넷을 통해 구하거나 국내 판매책을 통해 구입한 중고등학생 8명이 2014년에 구속되는 일이 일어나기도 했다.

조기유학과 어학연수를 통해 약물을 접하고 유학 실패 후 국내에 와서 현지에 있는 약물상을 통해 약을 구해 사용하는 일들이 일어나고 있다. 몇 년 전 상담한 사례로, 같은 교회 학생들을 10명쯤 모아 호주로 연수를 보냈는데, 그중 9명이 약물을 1번 이상 경험을 했으며, 그 중 2~3명이 중독이 되는 일이 일어나기도 했다.

그나마 교육부에서 2018년 9월 14일부터 초·중·고에서 커피를 포함한 고 카페인 음료의 판매를 금지하기로 하여서 다행이기는 하다. 중·고등학교 학생들의 약물 문제는 그 하나에 머무르는 것이 아니라 또 다른 청소년 비행문제와 연결되어 있는 경우가 많다. 특히 약물을 처음 접하는 경우 호기심과 더불어 친구들의 권유를 거절하지 못하기 때문이다. 약물 사용이 '잘나가는 사람'이라는 인식이 내재되어 있기 때문에, 이 부분의 문제를 제대로 다루지 못할 경우 약물을 끊어내기가 힘들 수도 있다.

청소년 약물상담에서는 특히 자존감, 책임성, 현명한 의사결정 능력, 효과적인 거절법을 형성시켜주는 전략과 더불어 문제해결 기술 상담과 직업교육을 접목시키는 것이 도움이 된다.

---

[*] 환각물질과 허브를 섞어 담배 형태로 만든 신종 마약.

3. 성인에게 생길 수 있는 약물의 문제

현재 군 내부에서도 약물 문제를 가지고 있던 사병이 군 생활 중 외박이나 휴가를 나가 약물을 사용하고 부대 안으로까지 약물을 가져와 사용하다 처벌을 받는 경우가 늘어나고 있으며, 20대 약물사용자들뿐 아니라 탈북한 새터민들 사이에서도 약물 문제가 새터민들이 저지르는 범죄 중에서 제일 많다는 통계 역시 유의해서 보아야 할 문제이기도 하다. 또한 북한선교를 하시는 목회자나 기관에서는 북한 내 마약문제가 심각하기 때문에 특별한 접근 및 주의가 필요하다.

성인 약물의 경우 종류가 매우 다양할 뿐 아니라 각 약물의 특성이 다르기 때문에 기본적으로 국내 사용이 많이 늘어나고 있는 약물의 종류와 신체적 특성을 파악하는 것이 상담 및 치유사역에서 매우 중요하다고 볼 수 있다.

1) 국내에서 남용되는 약물*

(1) 암페타민류(필로폰 등)

소량의 암페타민 사용으로 호흡, 심박동, 말초혈관저항력, 혈압 등이 증가하며 식욕부진, 발한, 동공이완, 다양한 근육계통의 이완현상이 일어난다. 암페타민의 정신적 효과로는 피로감을 감소시켜주고, 정신을 맑게 해주는 것을 들 수 있다. 안도감이 생기며, 기분이 좋아지

---

* 아래에 소개된 약물과 그 설명은 국가정보원에서 발간한 『마약류용어해설집』(2005)에서 간추린 것이다.

고, 확신감이 생기고 힘이 솟구치는 것을 느끼기도 한다.

용량이 증가하게 되면 겉보기에는 강력하며 우월감에 빠진 것처럼 보이기도 하지만 말이 많아지고, 초조해지며, 불안과 과민상태에 빠지게 된다. 점차 의심증, 편집증, 환청, 환시, 의처증, 피해의식 등 중독성 정신병이 생기기도 한다. 또 감정이 쉽게 격해지며 외부적인 원인이 없이도 폭력을 사용하게 된다. 많이 사용하는 경우에는 사망에 이르기도 한다. 기타 현실에 대한 지각능력의 왜곡 등이 일어난다.

(2) 흡입제(본드, 가스, 가솔린, 아세톤 등)

흡입제는 뇌 조직에 빠르게 영향을 미친다. 또한 내성이 있으므로 한 번 사용한 후에 계속 같은 수준의 재미를 느끼기 위해서는 사용량을 늘려가야 한다. 흡입제를 흡입함으로써 이들이 느끼게 되는 것은 술 취한 듯한 느낌, 어지러움증, 판단 불가능 상태, 조절 불가능한 상태, 외진 곳에 버려진 듯한 느낌, 당당한 느낌, 무엇이든 해낼 수 있을 것 같은 느낌 등을 경험하게 되며, 이러한 상태에서 약간이라도 불쾌한 자극을 외부로부터 받으면 그대로 감정이 폭발하여 사회문제를 일으키게 된다.

이들 흡입제의 사용 농도를 짙게 하게 되면 뇌조직 전체가 혼돈 및 정신병 상태로 들어가 흥분, 시·공간에 대한 방향 감각 상실, 흐릿한 의식에서의 환각, 부분적인 기억상실 등을 경험하다가 의식을 잃거나 호흡기능장애로 질식사하기도 한다. 현재는 주로 본드와 니스 사용이 주를 이루고 있으며, 10대뿐 아니라 보호관찰소 약물수강명령 강의 시 20~40대에 이르기까지 본드에서 벗어나지 못하는 사람들이 꾸준히 교육에 참석하는 것을 볼 수 있다.

(3) 진해제, 항히스타민제

덱스트로메트로판제인 러미라(루비킹)나 항히스타민제인 아빌 등이 흔히 남용되고 있는데 환각을 목적으로 남용하는 경우에는 치료용량의 10배 이상을 사용하게 되므로 결국 중독 증상을 일으켜 정신병적 증상을 보이게 된다.

(4) 대마초(마리화나)

대마초를 상용하는 사람에게서 나타나는 공통적인 증상은 무동기증후군이라는 증상이다. 이 증상은 사람을 매사에 반응이 없는 상태로 만들어 미래나 직장에 대한 의욕을 상실하게 만드는 상태를 말한다. 소량 사용을 하면 약간의 도취감, 기분 좋은 상태를 만들어주나 나중에는 수동적으로 되며 최종적으로 아주 조용한 공상(환각)상태에 들어가게 된다. 청각력이 둔화되고 일시적인 공포나 시공감각의 변형이 일어날 수도 있다. 그러나 장기간에 걸쳐 사용하면 사회적 부적응 현상은 심각한 상태에 이르게 된다.

대마를 사용하는 것은 그 이용가치와 상대적으로 손쉬운 구입 때문에 널리 사용되고 있다. 대마는 대부분의 사람들에게 있어 완화감을 주면서 중앙신경조직을 느슨하게 하고 경우에 따라 어지러움과 혼돈감을 초래함에도 불구하고 대마는 보통 사람을 정적이 되게 하여 순한 진정제로서 오락적으로 사용되기도 한다.

(5) 진통제

우리 사회에서 진통제는 가장 일상적으로 접할 수 있는 약품으로서, 2018년 국내 마약성진통제 소비량은 아시아 3위이며, 2005년에 비해 6배가량 증가했다(「이데일리」 2018. 12. 4.)는 기사는 유의 깊게 보아야 할 것이다. 이러한 진통제를 많이 사용하는 이유는 통증을 제거하는 가장 손쉬운 방법이기 때문이다. 90년대 초부터 시작된 진해제의 일종인 러미라, 루비킹과 함께, 합성진통제인 날부핀이 환각 목적으로 사용되고 있고, 현재에 이르기까지 종류가 달라지고는 있지만 다양한 진통제들이 오남용으로 인해 사회적인 문제가 되고 있다.

(6) 엑스타시 Ecstasy

한국에서는 "도리도리"로, 미국에서는 "아담", "엑스터시" 또는 "엑스티시"로 불리는 MDMA는 환각성과 암페타민과 같은 특성을 지닌 향정신성의약품이다. 메스암페타민보다 가격이 싸지만 환각작용은 3배나 강한 것으로 알려졌다.

(7) S정

중추신경계에 작용하는 근육이완제이지만 남용할 경우 인사불성, 혼수쇼크, 호흡 저하, 매우 드물게는 사망에까지 이르게 된다.

(8) 러미나정

기침 증상을 치료하기 위해 사용되는 비마약성 진해제이다. 남용 시 초기 단계에서는 뇌의 중추신경 억제기능을 감소시켜 활발하고 명랑한 기분을 갖게 한다. 중독이 진행될수록 환시, 환청, 환취 등 현실을 왜곡하는 정신병적 증상을 강하게 보인다.

(9) GHB

약물효과로는 기분이 좋아지고 다소 취한 듯하면서도 몸이 쳐지는 듯한 느낌이 든다. 그러나 단순 음료가 아닌 알코올류에 타서 마시면 그 효과가 급속하여 의식불명에까지 이르며 당시 상황을 기억할 수 없게 된다. 미국, 캐나다, 유럽 등지에서 성범죄용으로 악용되어 "데이트 강간 약물 Date Rape Drug"로도 불린다. 현재 국내에서 데이트 강간 및 범죄에 많이 악용되고 있는 약물이기도 하다.

기타로 허브 잎에 엑스터시 같은 환각성 약물을 섞어 만든 허브마약과 마취제로 쓰이는 우유주사라는 프로포폴 등이 아직도 많은 문제들을 만들어내고 있다.

위에 언급된 모든 약물들은 마약류관리에 관한 법률과 유해화학물 관리에 관한 법률로 사용이 금지되어 있거나 제한된 사용이 가능한 것들로 소지 및 사용, 판매, 제조 시 꼭 처벌을 피할 수 없다는 사실을 의존자들에게 알려주는 것이 매우 중요하다.

4. 약물의존 상담

약물의존 상담은 앞에서 언급한 바와 같이 약물사용으로 인한 법적인 문제를 고려하여야 함과 동시에 다른 중독문제에 비해 금단이 심하고 부수적으로 정신질환의 문제가 같이 수반될 수도 있기 때문에 기본적으로 금단증상을 완화시킬 수 있는 병원치료가 선행되는 것이 좋다.

국내법상 단순투약의 경우 보건복지부에서 지정한 병원에서 치료를 받게 되면 기소를 유예를 해주며, 치료비 또한 무료이기 때문에 약물을 끊은 지 얼마 되지 않은 경우 병원치료를 통해 법적 문제와 금단 증상을 완화시키고 약물을 이겨낼 수 있는 힘을 얻을 수도 있다.

1) 2018년 전국 마약 중독재활 지정 병원 (보건복지부)

수도권(7개)
- 서울: 시립 은평병원, 강남을지병원, 국립서울병원
- 인천: 인천광역시 의료원
- 경기: 의정부 의료원, 용인 정신병원, 계요병원

충청·강원권(4개)
- 대전: 참다남병원
- 충북: 청주의료원
- 충남: 국립공주병원
- 강원: 국립춘천병원

경상권(6개)
- 부산: 부산광역시의료원
- 대구: 대구의료원
- 울산: 큰빛병원
- 경북: 포항의료원
- 경남: 국립부곡정신병원, 양산병원

전라 · 제주권(4개)
- 광주: 광주시립인광정신병원, 전북: 군산의료원, 전남: 국립나주병원, 제주: 연강병원

2) 약물의존상담과정*

약물상담을 진행하기 위한 단계는 총 일곱 단계로 나누어 살펴 볼 수 있다.

1단계: 문제의 제시 및 상담의 필요성에 대한 인식

많은 약물 남용자들이 자신의 문제에 대해 책임감을 회피하고 남을 비난하거나 자신이 피해자라는 느낌, 내가 무엇을 잘못하여 상담을 받아야 할지 모르겠다고 말하는 경우가 많다. 즉 전문적 상담의 필요적 동기가 희박한 경우로서 문제의 배경 및 관계요인을 토의한 후 상담 과정에 적극적으로 참여하도록 하여야 하며, 진행전략은 내담자의 말을 주목하고, 그의 비언어적 행동을 관찰하여 약물 문제의 원인이 어떤 것인가를 파악해나가도록 하는 것이다. 그와 더불어 상담에 대한 내담자의 기대와 느낌을 명료화할 필요가 있다.

약물상담의 경우 첫 상담부터 약물 문제에 대해 접근을 하면 민감하게 반응할 가능성이 많기 때문에 약물에 관련된 내용은 최소화하는 부분이 필요하다.

---

*조성권, 『마약학 이해』 (2007), 270-275.

2단계: 촉진적 관계의 형성

상담의 촉진적 관계를 형성하는 데에는 상담자의 공감적 이해, 성실한 자세, 약물 내담자에 대한 수용적 존중·적극적 경청 등이 필요하다. 이것을 통해 내담자와 솔직하고 신뢰를 주는 관계를 형성하는 것이다. 단 약물 의존자의 경우 약물로 인해 변화된 성격인 부정적 성격과 가면 등으로 인해 겉으로 나타내 보이는 신뢰를 통해 상담관계를 흔들 수도 있으니 각별한 주의가 필요하다.

3단계: 목표설정과 구조화

이 단계는 상담과정에 대한 방향과 골격을 분명히 하는 단계로 이때 내담자는 상담자가 문제를 해결해줄 것이라고 바라거나 하나의 방향을 제시해줄 것이라고 기대한다. 이럴 때에는 내담자에게 상담에 대한 인식을 확실히 함으로써 다음 단계에서 나타날 수 있는 문제들을 줄일 수 있다.

구조화란 상담의 효과를 최대한 높이기 위해 상담의 기본 성격·상담자 및 내담자의 역할 한계·바람직한 태도 등을 설명하고 인식시켜주는 작업이며, 구조화에 포함되는 사항은 ① 상담의 성질, ② 상담자의 역할과 책임, ③ 내담자의 역할과 책임, ④ 상담의 목표, ⑤ 시간과 공간의 제약사항 등이다. 이때 상담자는 너무 과도한 역할과 책임을 지는 것을 피해야 하며, 약물 내담자에게는 확실한 역할과 책임의 부분을 상기시켜주어야 한다. 덧붙이면, 구조화의 경우 상담 초기에만 하는 것이 아니라 상담이 진행되는 과정에서 재구성의 필요성이 대두되면 그때그때마다 다시 밝혀 내담자가 이해하고 실천할 수 있도록 하여야 한다.

4단계: 문제해결의 노력

문제에 대한 내담자의 감정 표현을 촉진하고, 제시된 문제를 다시 구체적으로 정의하는 것으로 문제해결의 노력은 일반적으로 다음과 같은 과정을 거치게 된다.

- 문제에 대해 명확히 정의한다.
- 문제해결을 위한 방향과 가능한 방안을 정한다.
- 문제해결 방안에 관련된 정보를 수집한다.
- 수집된 자료를 바탕으로 대처 행동을 의논한다.
- 검사와 심리진단 자료 등을 통해 바람직한 행동 절차 및 의사소통의 실제 계획을 수립한다.
- 계획된 것을 실제생활에서 실천해본다.
- 실천결과를 평가하고 행동계획을 수정 보완한다.

이 과정에서는 현재의 '문제행동'과 바람직한 '목표행동'에 대한 내담자의 자각과 문제해결 과정에서의 실제 노력을 촉진하는 것이 필요하다. 많은 약물 남용자들이 3단계인 목표설정과 구조화단계까지는 상담자와 보조를 맞추어 잘 진행을 하지만, 마지막 실천단계인 4단계에 이르게 되면 대부분 더 이상의 상담진행에 어려움이 발생되고, 이 단계에서 진행이 멈추게 되는 경우가 많다. 이는 약물 남용자들이 상담의 필요성을 절실히 느끼지 못하고 아직까지 약물에서 벗어나고자 하는 충분한 동기가 마련되어 있지 않기 때문이다. 이런 경우 4단계가 진행되기 위해서 약물의존이 밑바닥까지 떨어질 bottoming-out 때까지 상담이 유보되는 상황이 발생하거나 직면을 통해 바닥 치는 것을 가속화하여 문제해결 노력을 촉진할 수 있다.

5단계: 자각과 합리적 사고의 촉진

자각은 자신과 생활 과정에서의 주요 경험 및 사건들을 이전보다 분명히 그리고 통합된 시야로 재인식하는 것이다. 이 단계에서 고려하여야 할 점은 내담자가 자기 탐색 및 사고방식의 변화요구에 대한 심리적 부담 때문에 상담을 도중에 그만두거나 직·간접적인 '저항'이 생길 수도 있다는 것이다. 약물 남용자의 경우는 심리적 부담으로 인해 다시 약물을 접하게 되는 재발이 발생할 수 있으므로, 상담자는 항상 내담자의 상태에 유의하여야 하며, 한 번 재발하였다고 하여 약물 남용자가 다시 중독의 늪에 빠지는 것이 아니기 때문에 3단계의 재구조화 작업을 다시 시행하거나 상태에 따라 병원치료도 고려하여야 한다.

6단계: 실천행동의 계획

내담자의 새로운 견해나 인식이 실생활에서 실현되도록 약물 남용자의 의사결정이나 행동 계획을 도울 필요가 있다. 이는 실제 생활에서 나타날 수 있는 문제를 최소화하기 위함이며, 이 단계에서의 목표는 내담자와 구체적인 행동절차를 협의하고 세부적인 행동계획을 세우는 데 있다. 예를 들면 약물의 유혹이나, 약물로 인해 알게 된 사람들과의 대인관계를 어떻게 대처할 것인지 약물남용으로 인해 상처받은 가족이나 중요한 타인들에게 어떻게 할 것인지를 구체적으로 의논한 후 바람직한 판단 기준을 확인하여 실제 행동과정을 계획한다.

7단계: 실천결과의 평가와 종결

이 단계는 종결의 단계로 주로 상담자와 내담자의 합의로 이루어지며, 내담자가 종결을 희망하더라도 상담자가 보기에 불충할 경우에는 '잘 대처해 나가는지 서로 확인해보기 위해' 상담을 당분간 계속 권유하는 것이 바람직하다. 상담자는 내담자가 상담 종결 후 올 수 있는 여러 문제들에 대해 대처하기 위해 서서히 상담을 종결시키며, 종결 무렵에는 2주나 3주 간격을 두고 상담을 하는 것이 좋다.

 종결에 앞서 상담 목표에 대한 평가와 미비된 것이 있으면, 무엇 때문에 미비된 것인지 토의하고 상담전체 과정을 요약 할 수 있다. 상담결과가 만족스럽지 못할 경우에는 다른 기관이나 다른 상담자에게 의뢰하는 것도 바람직하다. 약물 남용자의 경우 종결 시점에 단약을 계속 유지하기 위해 자조모임의 소개와 문제가 생기면 도움을 받을 수 있는 후원자나 기관, 병원 등의 연락처 등을 항상 휴대하도록 하는 것이 좋다.

 약물의존자를 목회자나 교회에서 상담하기에는 어려운 것이 현실이다. 잘 드러나지도 않을 뿐더러 회복으로 이끄는 과정 또한 매우 오랜 시간이 필요하기 때문이다. 그러나 모든 중독은 기본적으로 영적 회복이 없으면 회복되기 어려운 문제이므로 주로 목회자들은 그들이 가지고 있는 죄에 대한 죄책감을 없애주고 신앙 안에서 올바르게 설 수 있게 해주는 것이 매우 중요하다.

 죄책감이 중요한 이유는 많은 회복자들이 이 죄책감을 제대로 다루지 못해 또 다시 의존자가 되는 일들이 일어나기 때문이다. 그래서 목회자들의 치유사역에서 죄책감 즉 죄의 용서라는 부분을 잘 다루어야 한다. 용서에 대한 치유상담에 관한 성경말씀은 아래와 같다.

◆ 죄의 용서

내가 이르기를 내 허물을 여호와께 자복하리라 하고 주께 내 죄를 아뢰고 내 죄악을 숨기지 아니하였더니 곧 주께서 내 죄의 악을 사하셨나이다(셀라) (시 32:5).

시 51편: 하나님이여 주의 인자를 좇아 나를 긍휼히 여기시며 주의 많은 자비를 좇아 내 죄과를 도말하소서 나의 죄악을 말갛게 씻기시며 나의 죄를 깨끗이 제하소서 대저 나는 내 죄과를 아오니 내 죄가 항상 내 앞에 있나이다 내가 주께만 범죄하여 주의 목전에 악을 행하였사오니 주께서 말씀하실 때에 의로우시다 하고 판단하실 때에 순전하시다 하리이다 내가 죄악 중에 출생하였음이여 모친이 죄 중에 나를 잉태하였나이다 중심에 진실함을 주께서 원하시오니 내 속에 지혜를 알게 하시리이다 우슬초로 나를 정결케 하소서 내가 정하리이다 나를 씻기소서 내가 눈보다 희리이다 나로 즐겁고 기쁜 소리를 듣게 하사 주께서 꺾으신 뼈로 즐거워하게 하소서 주의 얼굴을 내 죄에서 돌이키시고 내 모든 죄악을 도말하소서 하나님이여 내 속에 정한 마음을 창조하시고 내 안에 정직한 영을 새롭게 하소서 나를 주 앞에서 쫓아내지 마시며 주의 성신을 내게서 거두지 마소서 주의 구원의 즐거움을 내게 회복시키시고 자원하는 심령을 주사 나를 붙드소서 그러하면 내가 범죄자에게 주의 도를 가르치리니 죄인들이 주께 돌아오리이다. 하나님이여 나의 구원의 하나님이여 피흘린 죄에서 나를 건지소서 내 혀가 주의 의를 높이 노래하리이다 주여 내 입술을 열어주소서 내 입이 주를 찬송하여 전파하리이다 주는 제사를 즐겨 아니하시나니 그렇지 않으면 내가 드렸을 것이라 주는 번제를 기뻐 아니하시나이다. 하나님의 구하시는 제사는 상한 심령이라 하나님이여 상하고 통회하는 마음을 주께서 멸시치 아니하시리이다 주의 은택으로 시온에 선을 행하시고 예루살렘성을 쌓으소서 그 때에 주께서 의로운 제사와 번제와 온전한 번제를 기뻐하시리니 저희가 수소로 주의 단에 드리리이다.

저가 네 모든 죄악을 사하시며 네 모든 병을 고치시며(시 103:3).

자기의 죄를 숨기는 자는 형통치 못하나 죄를 자복하고 버리는 자는 불쌍히 여김을 받으리라(잠 28:13).

여호와께서 말씀하시되 오라 우리가 서로 변론하자 너희 죄가 주홍 같을지라도 눈과 같이 희어질 것이요 진홍같이 붉을지라도 양털같이 되리라(사 1:18).

악인은 그 길을 불의한 자는 그 생각을 버리고 여호와께로 돌아오라 그리하면 그가 긍휼히 여기시리라 우리 하나님께로 나아오라 그가 널리 용서하시리라(사 55:7).

만일 우리가 우리 죄를 자백하면 저는 미쁘시고 의로우사 우리 죄를 사하시며 모든 불의에서 우리를 깨끗케 하실 것이요(요일 1:9).

믿음의 기도는 병든 자를 구원하리니 주께서 저를 일으키시리라 혹시 죄를 범하였을지라도 사하심을 얻으리라 이러므로 너희 죄를 서로 고하며 병 낫기를 위하여 서로 기도하라 의인의 간구는 역사하는 힘이 많으니라(약 5:15-16).

교회 안에서 상담이 힘들 때는 약물의존 회복을 돕기 위한 다른 조언과 지침을 가족들에게 줄 수 있는데, 여기서 언급된 것들을 잘 이해시키고 지키게만 되어도 의존자와 가족을 돕고 회복을 이끄는 데 많은 도움이 될 것이다.

3) 약물 남용자들을 대하는 비결[*]

(1) 하지 말아야 할 것
- 필요한 사실을 다 알게 될 때까지는 아무 일도 하지 마라.
- 처벌, 위협, 회유, 설교를 하려고 들지 마라. 이는 방어 기제를 더 강화시킬 뿐이다.
- 감정에 호소하여 죄책감에서 처벌로의 악순환이 지속되게 하지 말라.
- 문제를 적당히 얼버무리거나 사건을 무시하고 넘어가지 말라.
- 남용자가 소홀이 하고 있는 역할이나 업무를 대신해주지 마라.
- 약물 남용자가 약물기운이 젖어 있을 때 함께 변론하지 마라.
- 남용자를 약물 남용의 결과에서 구해 주거나 두둔해 주거나 덮어 주지 말라.
- 남용자에게 미리 얘기한 경우가 아니고는 약물을 숨기거나 치우지 말라.
- 중독자와 함께 약물을 복용하지 말라.

---
[*] S. v. B. 클리브/윤종석 역, 『약물 중독 상담』 (두란노: 2002), 106-7, 142-4.

- 남용자의 행동에 대해 죄책감을 품지 말라.

(2) 해야 할 것
- 남용자에게 당신이 사람은 사랑하지만 행동은 용인할 수 없음을 알게 하라.
- 독서, 전문가의 조언, 후원 그룹 참석 등을 통해 약물 남용에 대해 배워라.
- 믿을 수 있는 사람과 함께 상황에 대해 대화를 나누어라.
- 약물 남용자로 하여금 그의 행동이 당신에게 미치는 영향을 알게 하라.
- 일상생활의 활동들을 지속하면서 가정에 건강한 분위기를 유지하라. 남용자 때문에 정작 자신의 필요를 저버리지 말라.
- 중독의 본질을 남용자의 자녀들에게 그들이 알아들을 수 있는 말로 설명해주라.
- 인내가 필요함을 기억하고 천천히 하나씩 해나가라. 약물 중독의 회복은 평생 걸리는 과정이다.

(3) 변화를 원하는 약물 남용자를 위한 실제적 조언
- 약물에서 벗어날 시간은 바로 오늘이다.
- 약물 중독의 회복은 일회적인 사건이 아니라 평생 지속되는 과정이다.
- 자격을 갖춘 사람의 도움을 받아라.
- 습관이 재발됐다고 해서 포기하지 말라.
- 자신의 힘으로 약물과 싸우지 마라. 도움을 요청해라.
- 모든 약물(술 포함) 및 약물 복용 친구들로부터 떨어져 있어야 한

다. 약물이나 약물을 복용하는 친구를 가까이 하는 것은 재발을 일으키기 가장 쉬운 길이다.
- 다시 약물을 복용하고 싶은 유혹이 들 때 놀라지 마라.
- 자신이 알고 있는 어떤 사람보다 자기 자신을 속이기가 훨씬 쉽다는 사실을 잊지 말라. 자기 자신에게 잘못된 태도와 잘못된 행동을 합리화하는 능력이 있음을 늘 인식하고 있어야한다.
- 한번 약물에서 벗어났다고 해서 자만에 빠지지 마라. 회복의 공로는 결코 나의 것이 아니다.
- 하나님을 굳게 믿으라.
- 매일 하나님과 동행하라.
- 매일 시간을 내어 기도하라.
- 매일 성경을 읽어라.
- 매주 교회에 참석해라.
- '후원' 체제를 유지해라.

마지막으로 아래의 라인홀드 니버의 기도를 암송하라.

◈ **마음의 평정을 위한 기도**
하나님, 제가 바꿀 수 없는 것이라면 받아들일 수 있는 여유를 주시고,
제가 바꿀 수 있는 것이라면 바꿀 수 있는 용기를 주시며,
이 둘을 구별할 수 있는 지혜를 주옵소서. 아멘.

뇌와 중독*

손매남

(한국상담개발원/코헨대학교)

모든 중독은 뇌의 쾌락중추라고 일컫는 중변연도파민계의 과잉 활성화를 불러일으키며, 종국에는 뇌를 손상하여 올바른 판단 및 사고를 할 수 없게 만들어 일상의 삶에서부터 멀어지게 한다.

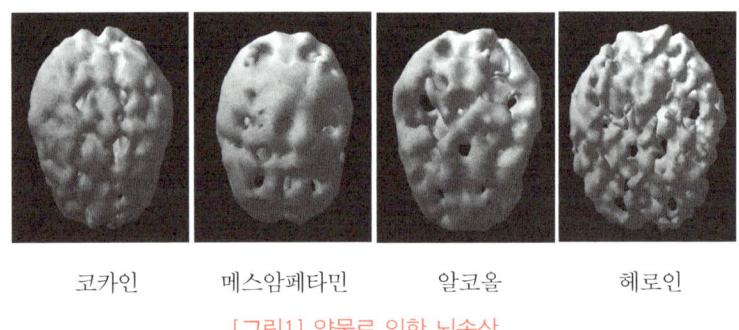

코카인   메스암페타민   알코올   헤로인

[그림1] 약물로 인한 뇌손상

---

* 이 글은 『뇌 중독 치유세미나』(손매남 역, 2012)의 내용과 더불어 2012년도 하반기 치유상담세미나 자료를 토대로 정리한 것이다.

이 장에서는 중독이 뇌에 미치는 영향을 살펴보고 그에 대한 해결책을 함께 나눔으로써 의존자들의 뇌 회복에 초점을 맞추고자 한다.

1. 중독물질과 뇌의 구조

지난 수십 년 동안 유전학, 신경생물학, 약리학에서 진행된 훌륭한 과학 연구들은 약물 의존이 만성적인 의학적 뇌질병이며 상당 부분 유전적취약성으로 인해 발생한다는 사실을 분명히 밝혔다(Leshner, 1997). 이 질병은 중변연도파민계mesolimbic dopamine system 혹은 "쾌감경로please pathway"나 "보상계reward system"에서 발생한다.

뇌 속에 1,000억 개의 신경세포들이 활동을 하고 있으며, 수많은 신경전달물질들이 뇌의 흥분 및 억제 효과를 일으켜서* 기분을 변화시켜 주는 역할을 한다. 그로 인해 장기간 중독 행위나 약물을 사용하게 되면 뇌 안의 주요 신경경로들까지 변형될 위험이 매우 크다.

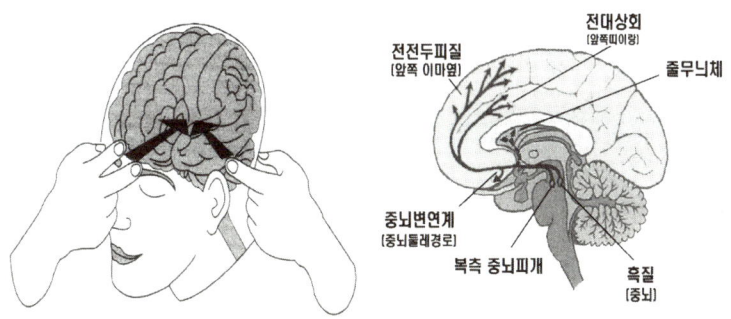

[그림 2] 중변연도파민계의 위치 찾기   [그림 3] 도파민 신경전달 계통

지금까지 밝혀진 바로는 뇌에 100여 가지 신경전달물질들이 확인되었고 그중에 주로 중독에 관련된 신경전달물질들은 도파민$_{Dopamine}$, 세로토닌, 노르에피네프린, 아세틸콜린, 엔도르핀, 엔도카나비노이드, 글루타메이트, 감마-아미노뷰티르산$_{GABA}$ 등이 중변연도파민계에 작용하여 중독이 되는 것으로 알려졌다.

2. 약물이 뇌에 미치는 영향

1) 알코올에 의한 뇌의 변화

(1) 뇌의 구조적 변화
① MRI에 의한 뇌 구조 변화
- 전두엽과 측두엽, 해마 유두체, 소뇌등의 부피감소
- 나이가 들수록 두드러짐
- 알코올의 신경독성효과가 나이에 의한 신경퇴행성변화를 가속시킴
- 유두체, 해마, 소뇌가 만성 알코올 섭취에 특히 취약
- 태아 알코올 증후군$_{FAS}$의 MRI연구에서도 소뇌, 기저핵, 뇌량의 부피가 감소

② PET/SPECT에 의한 뇌기능 변화
- 알코올 의존 환자의 뇌 혈류량, 관류 및 대사량이 모두 감소

---

* 도파민 신경전달 계통: 『일상적이지만 절대적인 뇌 과학지식 50』, 90.

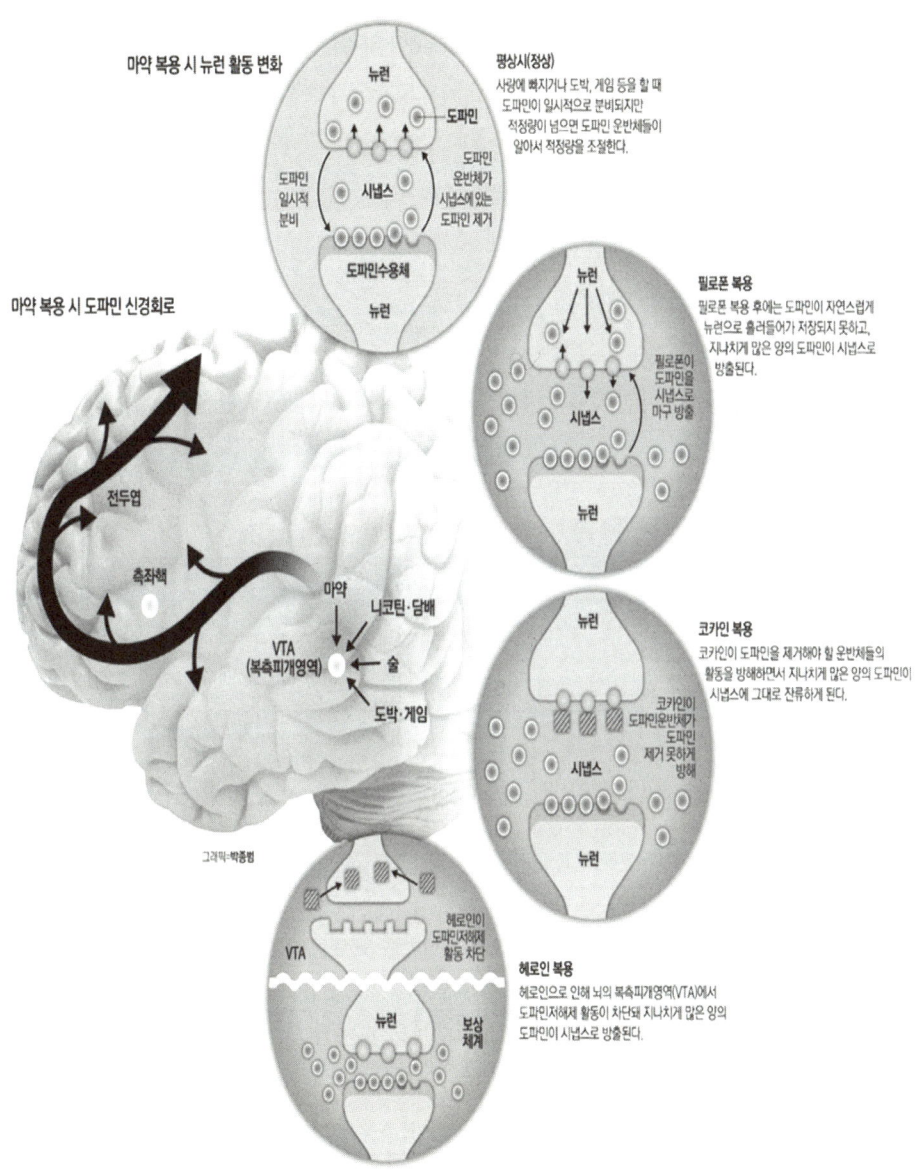

[그림 4] 뇌의 중독 경로

출처: 매일경제 2018.02.23. http://news.mk.co.kr/newsRead.php?year=2018&no=126410.

- 전두엽, 두정엽, 측두엽에서도 대사의 감소

③ SPECT 연구
- 알코올 의존이나 갈망
- 알코올 냄새를 맡아 갈망하는 동안에 꼬리핵(Caudate nucleus)의 오른쪽 머리 부분까지 혈류 증가

④ fMRI 연구
- 알코올 갈망
- 안의 전두피질과 등기쪽 전전두피질에서 국소적 활성화

〈표 1〉 약물의존과 뇌의 구조

중독물질	중변연도파민계의 이상
알코올	— 해마, 유두체, 소뇌, 전두엽, 측두엽 등의 부피감소 → (신경독성효과 때문)
중추신경자극제 (코카인, 메스암페타민)	— 측좌핵(Nucleus accumbens)에서 도파민 농도증가 — 안와전두피질과 측두엽 부위에서 회백질 감소
아편제	— 소뇌피질과 중뇌(Telencephalon)의 부위의 대사율 감소 — 뇌의 전반적 활성 감소
엑스터시	— 세로토닌운송체의 감소
마리화나 (카나비스 대마초)	— 소뇌의 대사율 증가 / 안와전두피질과 대상회의 대사율 증가 — 전두엽, 뇌성엽, 대상회 및 피질하구조의 혈류 증가

(2) 뇌의 생화학적 변화

① 자기공명분광술 MRS, Magnetic Resonance Spectroscopy
- 알코올 의존자
- 전두엽, 시상, 소뇌에서 NAA/Cho 감소 N-Acetylspanate, NAA (Cho=Choline)
- 글루타메니트 농도 증가

② 신경전달물질
- 알코올의존과 관련되는 신경전달물질로는 GABA, 글루타메이트, 도파민, 세로토닌 등이 있다.
- 메스암페타민 환자의 fMR 전전두피질, 특히 안와전두피질의 혈류 감소
- 코카인 의존자/안와전두피질의 활성도 감소, 도파민의 활성 때문

③ 중추신경자극제와 갈망
- 코카인 갈망 편도와 등가쪽 전전두피질의 활동증가
- fMRI 연구/전대상회, 전전두피질, 안와전두피질 등이 활성 때문

2) 중추신경 각성제에 의한 뇌의 변화

중추신경자극제는 코카인, 메스암페타민이 대표적이다. 측위핵에서 도파민의 농도를 증가시켜 다행감이 증가된다.

(1) 구조적 영상연구
- 대개 뇌출혈환자의 소견과 비슷
- 코카인 의존자 / 줄무늬 채의 비대
- 안와전두피질과 측두엽에서 회백질의 감소

(2) 기능적 영상연구
- 뇌혈류 및 대사의 감소
- 혈류감소는 코카인의 혈관수축작용 때문. 암페타민도 비슷
- 기저핵, 조가비핵 시상의 대사가 증가
- SPECT 연구 / 아래두정엽, 측두엽, 전전두피질 및 기저핵에서의 관류 저하

3) 기타 중독성 물질에 의한 뇌의 변화

(1) 아편
① 구조적 영상
아편제/구조적 변화는 다른 물질 남용에 비해 일관되지 않다.
② 기능적 영상
- 기능적 변화는 일관성이 있다.
- 아편제 주사: 뇌의 전반적 활성이 감소, 뇌의 대사율이 감소
- 오피오이드 제재인 모르핀 주사: 뇌 대사율이 약 10% 감소. 특히 소뇌피질과 종뇌부의의 뇌 대사율이 5~19% 감소
- 오피오이드 효현제인 페타닐 투여: 전대상회, 안와전두피질, 안와전전두피질, 꼬리핵 등에서 혈류증가
- 이러한 뇌의 영역은 학습, 보상, 중독에 관여
③ 하이드로몰폰
쾌락효과를 담당하는 U수용체에 효현작용을 보이는 물질로서 이를 투여하면 불쾌한 감정매개에 작용하는 K수용체의 효현제인 부토파놀 투여 시와 비교하여 전대상회, 편도, 시상 등에서 혈류가 증가되

고, 다행감이 유발된다. 이 영역들은 변연계의 일부로서 의존성 질환의 핵심부위이다.

④ 급성금단
- 전반적으로 뇌기능의 활성화가 증가되는 경향을 보인다.
- 헤로인 관련 자극 물질중단은 전대상회의 활성화.

⑤ 오피오이드 갈망
- 코카인 갈망과 활성화 영역이 비슷하다.
- 전대상회 피질의 혈류증가
- 왼쪽 안와전두피질의 활성화
- 안와전두피질은 다른 물질과도 갈망과 연결된 부위이다.

(2) 엑스터시
- 세로토닌 신경세포에 손상을 입히는 정신과적 증상 발생 위험이 있다.
- 세로토닌 운송체의 감소 SPECT

(3) 마리화나 / 주성분 THC
- 카나비스라고도 불리는 마리화나는 우리나라에서는 대마초로 잘 알려져 있다.
- 소뇌의 뇌 대사율이 증가
- PET/만성적인 마리화나의 사용자는 전두엽, 뇌성엽, 대상회와 피질하 구조 등에서 혈류 증가
- 만성 사용자는 소뇌의 대사율이 더 감소

(4) 니코틴
- 뇌에서 혈류증가 및 대사율 증가
- 이차적으로 다양한 신경전달물질 활성화
- 도파민 체계조절
- SPCET/혈류증가
- PET/전두엽, 소뇌에서 혈류증가
- 니코틴 금단 및 갈망에 대한 뇌 영상연구는 시작단계
- 일반적으로 니코틴 갈망 시 전전두엽이 활성화

(5) 카페인 / 정신자극제
- 커피, 차, 탄산음료, 초콜릿 등에 많이 함유됨.
- 중추신경계에 작용
- 뇌혈관 장벽에 섭취 후 45분 뒤면 뇌에 흡수
- 혈장 반감기는 약 3~8시간
- 카페인이 뇌에서 어떠한 구조적 이상을 일으키는지에 대해서는 밝혀진 바가 없음
- 뇌 혈류감소/아데노신기능증가

3. 손상된 뇌 회복하기

1) 사랑 요법

- 요한복음 13장 34절 "서로 사랑하라"
- BDNF_{Brain Derived Neutropic Factor} 증가

- 해마의 신생 뉴런 수 증가
- 성호르몬 증가
- 두려움(불안) 치료
- 요한1서 4장 18절 "온전한 사랑은 두려움을 내어 쫓나니…"

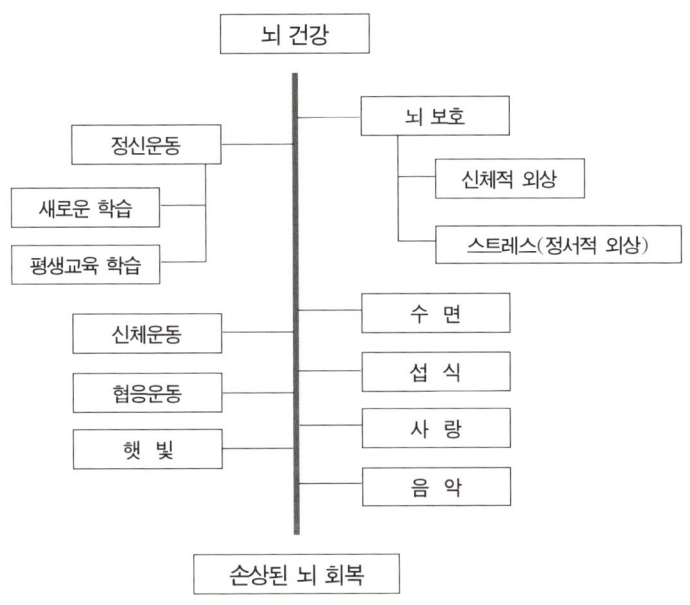

[그림 5] 뇌 회복을 돕는 방법

2) 운동치료

- 신경전달물질을 조절(도파민, 세로토닌, 노르에피네프린, 엔도르핀 등 증가)
- 포도당 증가

- 학습능력 촉진
- 인지 기능이 유연성을 높여줌
- BDNF를 증가
- ANP(심방나트륨 이뇨페티드)라는 호르몬이 신체의 스트레스 대응을 가라앉힘
- 우울증뿐만 아니라 치매예방에도 효과적

(1) 다섯 가지 주요 운동 프로그램(Harold C. Urschel III, 2012)

- **준비운동**: 제자리 달리기, 빠르게 걷기, 줄넘기, 계단 오르기 등의 운동을 5~10분 정도 하는 것이 좋다.
- **유산소 운동**: 달리기, 자전거 타기, 수영, 빨리 걷기, 계단 오르기 등이 있으며, 초기에는 5~10분 정도가 좋으며, 익숙해지면 하루 걸러서 20~30분까지 조금씩 시간을 늘리는 것도 좋음.
- **근력운동**: 역도, 팔굽혀펴기, 수영 등으로 하루걸러 10~15분으로 시작하여 점차 20~30분 동안 운동을 하며, 유산소 운동을 하지 않는 날에는 근력운동을 하는 것이 좋다.
- **스트레칭**: 스트레칭은 유산소 운동과 근력 강화 운동을 한 다음에 하는 것이 좋으며, 매일 10~15분 동안 하는 스트레칭은 불안을 해소하는 데 도움이 된다.
- **마무리 운동**cool-down: 천천히 걷기와 스트레칭은 마무리 운동으로 매우 좋은 운동이다.

3) 영양요법*

뇌 회복을 위한 좋은 식습관 규준으로 미국 정부의 식단가이드 피라미드Food Guide Pyramid를 이용하면 도움이 많이 된다.**

[그림 6] 미국 식단가이드 피라미드

- 곡물의 경우 일일 섭취량은 6에서 11회 정도가 적당하며 섭취량은 1/2 컵의 요리된 시리얼과 파스타 또는 밥, 한 조각의 빵, 28g의 시리얼이 적당하다. 곡물은 세라토닌의 생산을 증가시키며, 비타민 B를 제공해준다.
- 과일, 야채의 경우는 하루 2~4회의 과일과 추가적으로 3~5회의

---

* 참조. 손매남, 『뇌 치유상담지침서』(서울: 한국상담개발원, 2009).
** [그림 6] "미국 식단가이드 피라미드" 출처: 조엘 펄먼/김재일 역, 『내 몸 내가 고치는 기적의 밥상』(북섬, 2007).

야채를 섭취하는 것이 좋다. 섭취량은 1컵의 생야채 또는 중간 크기의 과일 1개, 1/2 컵의 야채 또는 과일 주스가 좋다. 이는 비타민 C, 베타카로틴(비타민 A), 섬유질, 염기, 식물성 화학물질을 제공하여 면역체계를 회복에 도움이 된다. 되도록 야채는 생으로 먹어야 하며, 주스는 하루에 한잔 정도만 마시는 것이 좋다.

- 단백질은 하루에 2~3회 정도 섭취하는 것이 좋으며 그 양은 56~85g의 고기, 생선 또는 가금류가 좋으며, 달걀 2개, 1컵의 요리된 말린 콩, 완두콩 또는 편두, 1/2 컵의 견과류, 4 티스푼 정도의 땅콩버터가 좋다. 이런 단백질은 조직을 만들고 유지하며, 호르몬과 효소, 체액 평형 유지, 질병에 대항하는 항체를 생성하므로 식단에 자주 포함 시키는 것이 좋다.
- 유제품의 경우 하루 2~3회 정도로 1컵의 우유 또는 요거트나 42~56g의 치즈를 먹는 것이 좋다.
- 지방, 기름 및 당분은 하루 한 번 그러나 조금만 섭취하는 것이 좋으며, 1 티스푼의 기름, 버터, 마요네즈를 섭취하는 것이 좋다. 이런 기름을 조금만 섭취하면 필수 지방산을 생성하는데 이는 세포막을 형성하고, 호르몬과 유사한 복합체, 면역력, 시력을 생성하는 역할을 한다.

이 기준들은 최소한의 식단이며, 이보다 좀 더 먹는 것이 중요하다. 그러기 위해서는 식단을 일주일 단위로 계획하여 일주일 치 식품을 한 번에 사는 것이 좋으며, 일정에 따라 외식 계획을 예상하고 사전에 예약하여 일주일 단위 식단의 예외를 포함시키는 것이 좋다. 아침을 거르지 않고 먹는 것도 중요하며, 마지막으로 현명하게 간식을 먹는 것도 뇌를 회복시키는 건강한 식습관을 형성하는 데 도움이 된다.

4) 뇌 기능과 건강을 보존하고 증진하기 위한 열 가지 전략(Jean Carper, 2010)

(1) 종합비타민을 복용한다.

종합비타민의 경우 최적의 뇌 기능을 회복하는 데 도움이 되며 그 기능을 향상시키는 데 많은 도움을 준다.

(2) 항산화제가 들어 있는 비타민을 복용한다.

종합비타민만으로는 뇌 기능을 보호하는 충분한 영양소가 들어있지 않음으로 항산화제가 들어있는 비타민을 같이 복용하는 것이 좋으며, 한 가지보다는 여러 가지를 함께 복용하는 것이 훨씬 더 큰 시너지 효과를 낸다.

(3) 항산화제가 많이 든 식품을 먹는다.

블루베리, 체리, 포도, 사과, 말린 자두, 건포도 등의 과일과 채소의 경우 정신 기능이 향상되고 지적 기능과 안정에 큰 변화를 가져다 줄 수 있다.

(4) 항산화제가 풍부한 녹차나 홍차를 마신다.

녹차보다 홍차가 항산화 성분이 더 많으며 하루에 한 잔은 커피나 청량음료 대신 차를 마시는 것이 뇌를 보호하는 데 효과가 좋다.

(5) 나쁜 지방 섭취를 피한다.

햄버거, 밀크쉐이크, 동물성 지방, 옥수수기름과 같은 고도 불포화 지방, 마가린, 도넛, 감자튀김에 들어가는 트랜스 지방은 뇌에 좋지 않은 영향을 미치며 특히 위험한 것은 동물성 포화 지방으로 주로 패스트푸드에 많이 들어 있어 되도록 패스트푸드는 피하는 것이 좋다.

(6) 오메가-3 지방을 섭취한다.

어유의 구성 성분인 오메가-3는 뇌의 기능과 기억력, 학습능력을 향상시키는 데 도움이 되며 특히 노인성 치매를 예방하고 치료하는 데 효과가 좋다.

(7) 뇌 기능을 향상시키는 보조식품을 섭취한다.

은행과 PS라고 하는 포스파티딜세린은 단기적 기억력 감퇴에 도움이 되며, 다른 약을 복용하고 있는 사람은 의사와 상의하여 섭취하는 것이 좋다.

(8) 혈당을 비롯한 당을 주의한다.

지나친 당분 섭취는 뇌에 영구적인 손상을 입히기 때문에, 뇌 기능에 가장 좋은 탄수화물로는 소화가 천천히 되는 식품이 적절하다.

(9) 칼로리를 제한하고 체중을 줄인다.

비만은 인슐린 저항, 고혈압, 당뇨병을 일으켜 종국에는 기억력 손상, 노화의 가속 화, 뇌 세포의 경미한 손상을 가져오니 식사 시 칼로리를 줄이는 것도 도움이 된다.

(10) 새로운 일을 하고, 배움으로써 뇌를 자극한다.

새로운 것을 배우는 정신적인 운동의 효과는 새로운 뇌세포 시냅스의 성장을 촉진하여 기억력과 학습능력을 향상시킨다.

여기서 중요한 부분은 우리의 뇌는 끊임없이 매순간 성장하고 변화하고 있다는 것이며, 뇌에 자극과 운동, 교육, 적절한 음식물, 보조식품 등이 적절히 배합되어 공급됨으로써 뇌는 회복되고 성장해갈 수 있는 사실을 명심하여야 한다.

2부

중독 현상에 대한 이해

알코올 중독 사역 — 사례를 중심으로 _ 원영희

스마트 시대 어떻게 대처할 것인가 _ 박종연

중독자 가정의 가족 질병: 동반의존 _ 고병인

도박 중독 상담 가이드 — 목회자의 사역을 위한 _ 안미옥

미투(me too)와 성 문제, 교회는 어떻게 대처해야 할 것인가

— 성 중독의 사례를 중심으로 _ 김형근

알코올 중독 사역
— 사례를 중심으로

원영희
(선교연합교회)

필자는 57년생 전북 진안에서 태어났다. 부모님은 성실하셨고 섬김의 삶을 사셨다. 어려운 길손이 오면 상을 차려 정성껏 대접하시는 것을 어린 나는 많이 보았다. 지금 어려운 이웃을 섬기는 것은 부모님 영향을 받았다. 예수님을 만나게 된 동기는 카투사로 군생활하면서 영어 때문에 어려움이 많았기 때문이다. 군 제대 후 영어를 배우려고 하던 중 선교사를 만났다. 최수열 선교사님은 KC대학교(구:그리스도대학교)를 설립하셨다. 그분을 만나 예수를 믿게 되었고 신학을 하게 되어 목사가 되었다. 선교사님은 그의 일생을 통해 한국 영혼들을 사랑하셨다. 아시아선교를 위해 그리스도 대학교를 세우셨다.

필자는 선교사님과 한집에서 5년을 함께 살면서 선교 비전에 많은 도전을 받았다. 그 비전을 알기에 필자는 아시아선교를 위해 기도하며 때를 기다렸다. 하나님은 선교 연합교회를 통하여 선교와 이웃사랑을 원하셨다. 우리 사역지는 알코올 중독자들이 많다.

사례를 통해 그들을 어떻게 인도하고 사역하고 있는지를 지면을 통해 밝히고자 한다.

필자는 술을 좋아하고 많이 마셨다. 예수님 만나기 전까지 막걸리는 들고 갈 수는 없어도 배에 넣고 갈 수 있다면서 말술을 마셨다. 소주는 눈 감고 마시면서 삼학, 진로, 보배 소주 이름을 맞추었다. 카투사로 미군 부대 근무할 때 진빔, 조니 워커 블랙 양주를 마셨다. 하나님은 부족한 종을 통해 알코올 사역을 할 수 있도록 인도하셨다.

▶ 사례 1

K는 막걸리 병을 날마다 들고 다닌다. 하루도 술을 먹지 않으면 살 수 없는 분이다. 처음 공원에서 만났을 때 한 팔을 걷어 올리며 문신을 보여준다. 팔의 문신은 십자가였다. 반가웠다. 예수를 믿는 형제구나 전도해서 꼭 교회에 나오게 해야 하겠다고 다짐했다. 복음을 전하면 잘 듣고 알겠다고 한번 교회 나가겠다고 약속을 한다. 교회는 한 번도 나온 적이 없다. 며칠 후 공원에서 K를 만났다. 여전히 한 손에는 막걸리 병이 있었다. 이번에도 한 팔을 걷어 올리며 문신을 보여주었다. 문신에는 스님이 그려져 있었다. 목사를 만나면 십자가 문신을 보여주고 스님을 만나면 스님 문신을 보여주곤 했다.

쌀을 주었으나 집에서 밥을 지어 먹어 본 적이 없다고 한다. 술만 먹고 산다. 막걸리가 그의 유일한 양식이었다. 하루는 K의 친구가 술을 먹고 약속을 안 지켜 뺨을 때린 적이 있다. K의 친구와 나는 술을 먹으면 뺨을 맞기로 약속을 했다. K의 친구가 약속을 깨고 술을 먹었기에 먼저 K의 친구에게 내 뺨을 때리라고 했다. "내가 너를 잘못 인도한 죄가 있으니 나의 뺨을 때리라"고 한 것이다. 그는 차마 때리지 못하고 머뭇거렸다. 나는 그의 손으로 내 뺨을 힘껏 때렸다. 그리고 그에게 "내가 이제 네 뺨을 때리겠다"고 말했다. 뺨을 내밀었다. 사정없이 뺨을 내리쳤다. 때리는 소리가 얼마나 컸던지 창문에서 담배를 태우던 K가 달려와 내 손을 잡고 빌면서 "목~사~님, 내 친구는 술만 안 먹으면 착한 사람이에요." "나도 알아. 임마!! 너도 술만 먹으면 죽어. 너 이번 주부터 교회 나와!!" 큰소리로 말했다. K는 "네. 네. 목~사~님, 이번 주일부터 교회 나가겠습니다."

약속은 했지만 교회 나온 적은 없었다. 계속해서 K의 손에서는 막걸리 병이 떠날 날이 없었다. 만날 때마다 교회에 나온다고 약속했지만 약속은 지켜지지 않았다. K는 청각장애도 있었다. 매달 5일이면 수급비를 받는 날이다. 이날은 새벽 5시를 기다렸다가 돈을 찾아 술을 마신다. K는 결국 1년 전 저세상으로 떠났다. 홀로 살았기에 죽은 줄도 몰랐다. K의 집에서 냄새가 나 옆집에서 119에 신고해 확인해보니 죽은 지 2주가 되었다. 알코올 중독자였던 K를 보며 그들을 위해 내가 해 줄 수 있는 일이 무엇인가를 곰곰이 생각하게 되었다.

▶ **사례 2**

석 달 전 권사님 두 분이 찾아오셨다. "전과 있는 알코올 중독자가 있는데, 목사님 심방 같이해 줄 수 있느냐"고 묻는 것이다. "본교회로 전도하시지 왜 저한테 부탁하느냐"고 말했더니 "그들이 섬기는 교회에서는 수용하기가 힘들 것 같아 목사님께 부탁한다"고 하였다. 심방

가서 처음 만나 본인 소개를 하는데 전과 22범에 감옥생활 35년, 현재 나이 68세라고 소개한다. 신천지로부터 시작해서 이단교회까지 안 가 본 곳이 없을 정도다. 큰 교회, 작은 교회 많이 다녔다고 한다. 여호와 증인에 다니다가 안 간 지가 두 달 된다고 한다.

처음 한 달은 교회 잘 나왔다. 한 달 지나 다시 술을 마시기 시작했다. 술을 마시기 시작하면 교회 나오지 못한다. 4차선 도로 사거리에서 막걸리 5병을 사서 먹고 있었다. 교회 차를 보면 술 먹다가 벌떡 일어나서 인사한다. "목사님 죄송합니다. 술 안 먹으면 교회 가겠습니다." 지난주부터 교회 나오고 있다. 사회복지관 관장이 "좋은 목사님이시니 교회 꼭 나가라"고 해서 교회에 왔다고 한다. 사회복지관 관장님은 여자 목사로서 필자와는 몇 년 전부터 잘 아는 사이이다.

전에 간증을 한 적도 있다. "오늘 말씀에 술 취하지 말라 성령 충만함을 받으라고 설교했는데 은혜 받았다"고 한다. 5분 간증을 시켰다. 아주 좋아했다. 어쩌랴, 알코올 중독자들을…. 내가 할 수 있는 것은 그들의 말을 다 들어 주고 사랑으로 감싸는 길밖에 없다고 본다. 심방하면 보통 2~3시간 그들의 말을 들어주고 같이 이야기를 나눈다. 함께 말씀 보고 기도하고 돌아볼 뿐이다.

▶ 사례 3

2년 전 아버지와 아들만 사는 집에 쌀을 가지고 심방을 갔다. 예수 믿는 가정이었다. 2년 전 아내가 병으로 소천했다고 한다. 수년 동안 아내의 병수발하느라 지칠 대로 지친 가정이었다. 전동차를 타고 다닌다. 요양등급이 없어 요양보호사의 도움을 받지 못하고 있었다. 지인을 통해 요양등급을 받게 해주었다. 지금은 1주일에 5일 3시간씩 돌봄을 받고 있다. 아들은 30대 후반이었다. 술을 마시고 산다. 술에 중독되었다. 술을 마시지 않으면 몸이 떨리고 혼자 전동차에 탈 수가 없다. 술을 먹으면 전동차 타고 동네 한 바퀴 돈다. 그 형제가 늘 나에게 말했다. "목사님 교회 가고 싶어요." 그런데 지하실이라 올 수 없다는 것이다. 누군가 업어서 내려와야 하는데 업히는 것이 싫었던 모양이다. 그 형제를 만날 때마다 복음을 나누지만 내가 어떻게 도울 길이 없었다. 술을 먹어야 그나마 활동을 할 수 있는 데…. 2년 전 어머니를 하늘나라에 보내고 힘들게 살아가고 있었다. 그를 만날 때마다 어떻게 이 형제를 도울 수 있을까…. 많은 생각을 하게 했던 형제이다. 그는 작년에 하나님의 부르심을 받고 하나님 나라로 갔다.

2년 전 필리핀 선교를 준비하고 비행기 표까지 구했는데 선교의 문이 열리지 않았다. 기도하던 중 미얀마에서 연락이 왔다. 우리를 도와 달라는 것이다. 연락 주신 분은 인도에서 신학 학사와 석사를 7년 만에 마치고, 한국에서 작년에 신학박사 학위를 받은 미얀마 현지인 리안 목사였다. 리안 목사는 필자가 섬기는 교회에서 5년 동안 협동목사로 섬겨 주었다. 리안 목사의 도움 요청을 하나님의 음성으로 듣고 미얀마로 발길을 돌렸다. 바울의 일행이 아시아선교를 원했으나 성령께서 허락지 않아 유럽선교를 감당했던 것처럼 우리 일행도 성령의 인도하심을 받고 미얀마 땅을 밟았다.

사도행전에 바울 일행을 성령님이 이렇게 인도하셨다. '아시아에서 말씀을 전하는 것을 성령이 막으시므로, 그들은 브루기아와 갈라디아 지방을 거쳐가서, 무시아 가까이 이르러서, 비두니아로 들어가려고 하였으나, 예수의 영이 그것을 허락하지 않으셨다. 그래서 그들은 무시아를 지나서 드로아에 이르렀다. 여기서 밤에 바울에게 환상이 나타났는데, 마케도니아 사람 하나가 바울 앞에 서서 "마케도니아로 건너와서, 우리를 도와주십시오" 하고 간청하였다. 그 환상을 바울이 본 뒤에, 우리는 곧 마케도니아로 건너가려고 하였다. 우리는, 마케도니아 사람들에게 복음을 전하기 위하여, 하나님께서 우리를 부르신 것이라고 확신하였기 때문이다(행 16:6-10).

바울의 일행처럼 우리 일행이 미얀마에 갔을 때이다. 양곤 항구 근처에서 배를 타고 10분을 가서 배에서 내릴 때 우리를 향해 누군가 손을 흔들고 있었다. 마치 '어서 와서 우리를 도우라'는 듯, 두 명의 남자가 윗옷을 벗은 채로 손을 흔들고 있는 것이 아닌가? 물론 그들은 처음 보는 사람들이었다. 마을에 들어서는 순간 성령의 인도하심이었음을 느낄 수 있었다. 마을은 가는 곳마다 쓰레기로 가득 차 있었다. 차마 눈을 뜨고 볼 수 없는 열악한 환경이었다. 사역지를 보는 순간 하나님께서 이곳에 함께 하심을 느낄 수 있었다.

사역을 시작하면서 제일 먼저 쓰레기를 모아 오게 하였다. 집에서 주어오면 한 자루에 500원씩 주었다. 두 가지 목적을 두고 이 사역을 시작했다. 첫째는 집을 깨끗이 치워 그들의 환경을 개선하는 데 있었다. 둘째는 생활비를 주기 위함이다. 그들은 돈을 벌 수 있는 환경이 아니었다. 누가 일을 시켜 주지도 않았고 일할 곳도 없다. 이 마을을 알게 된 것은 리안 목사를 통해서다.

일명 쓰레기 마을에서 리안 목사 조카 되는 따로 목사를 만나게 되었다. 따로 목사는 우범지역인 이 동네에서 1년 전부터 복음을 전하고 있었다. 그는 현재 양곤선교연합교회 담임목사다. 교회 사택에 살면서 험악한 동네에서 복음을 전하고 있다.

1년 전 필자가 섬기고 있는 선교 연합교회 지하교회를 통해 드디어 미얀마 양곤에 지교회를 세우게 하셨다. 하나님의 기적적인 사건이었다. 교회 이름을 지역명을 따라 양곤선교연합교회로 짓고 개척하여, 현지인 따로 목사를 담임목사로 세우고 예배를 드리게 되었다.

이 지역은 특수 지역이다. 양곤에서 알코올 중독자들, 마약 중독자들, 인신매매자들, 전과자들 같은 사람들만 모여 사는 동네이다. 미얀마 경찰청에 빨간 표시로 되어 있는 우범지역이다. 사방에는 절이 들어 서 있는 곳이다. 교회를 건축한다는 것은 거의 불가능한 지역이다. 그러나 하나님의 은혜로 교회가 세워졌다. 이 지역 청소년 15세 이상 남자는 거의 전과자들이다. 하루에도 3번 이상 큰 싸움이 일어나는 곳이다. 경찰에 신고해도 경찰이 오지 않는 지역이다. 여자아이들은 13세~15세에 결혼하고 남자아이들은 거의 전과자들이다.

이곳은 알코올 중독자들이 대부분이다. 일할 곳이 없는 이곳 사람들이 돈을 벌 수 있는 길은 원양어선을 타든지, 아니면 해외로 나가 외화벌이를 하는 것이 돈을 벌 수 있는 유일한 길이다. 원양어선을 타고 돈을 벌어오면 술로 거의 그 돈을 탕진한다. 카드놀이로 노름을 해서 탕진한다. 반복된 생활을 하고 있다.

▶ 사례 4

처음 만난 P는 그 동네에서 가장 우두머리요, 악한 영향력을 행사하는 사람이었다. 그는 살인범죄 전과자이다. 이 사람 말은 동네 사람들에게 큰 영향력을 미친다. 이 P를 처음부터 만나 전도했다. 몇 번 시도 후에 교회를 나오게 되었다. 교회를 나와서도 처음에는 경계하는 눈치였다. 그는 감옥에 간 횟수를 셀 수 없다고 한다. 감옥에 들어가면 집으로 돈을 부쳐준다는 것이다. 그의 부인은 전과 7범이다. 둘 다 알코올 중독이다. 술만 안 먹으면 순한 양 같다. 3개월마다 만나니 지금은 경계하는 모습이 사라졌다.

지난번에는 공항까지 나와 우리 일행을 반갑게 맞아 주었다. 부흥성회 때는 밥을 짓는 총 책임을 맡았다. 동네 사람들과 함께 300인분 밥을 지어 아침부터 저녁까지 수고하였다. 지금은 교회에서 많은 봉사를 한다. 율동 시간에는 마치 어린아이와 같이 순진한 모습으로 율동을 한다. 부인도 교회 나온다. 매일 드리는 가정예배도 빠지지 않고 나와 찬양을 부르며 은혜를 받는 모습을 보며 감격스러웠다. 지금도 술은 여전히 마신다. 담배도 피운다. 술만 먹으면 옛 생활로 돌아간다. 알코올 중독이 되면 술을 끊는다는 것이 본인의 힘으로는 잘 안 되는 모양이다.

우리가 할 수 있는 것은 그들에게 끊임없이 기도하고 사랑으로 품는 것밖에 할 수 있는 일이 없다. 끊임없는 기도와 관심과 사랑으로 다가갔을 때 그들의 삶이 변하는 것을 느낄 수 있다. 전과자인 P가 처제 두 가정을 전도했다. 그가 전도한 식구들만 해도 15명 이상이 된다. 할렐루야. 이달 10월 3일, 그 가정을 심방하고 구제헌금을 주고 왔다. 이름을 바울로 지어 주었다.

▶ **사례 5**

S는 나이 40세. 아이들 11명을 낳았다. 지금 부인이 임신 10개월 되었다. 이번에 태어나면 12명 아이를 낳는 것이다. 아이 중 둘은 죽었다. S는 알코올 중독자요, 전과 18범이다. 부인은 양곤 시내에서 동냥해서 먹고 산다. 작년 처음 그 가정에 심방 갔을 때 남편은 교도소에

있었다. 집이 없어 비닐 한 장에 하늘을 이불 삼고 아홉 식구가 살고 있었다. 교회에서 집을 지어 주고 아이도 하나님의 은혜로 치유 받게 되었다. 할렐루야, 자녀를 많이 나아 성경 이름을 아브라함이라 지어 주었다. 아브라함 가정에 1년 된 여자아이가 있었는데 온몸에 피부병과 중병으로 시달리고 있었다. 숨만 쉬고 있었다. 1년 동안 기도하고 약을 사주고 치료했는데 지금은 거의 완치되었다. 지금 남편은 돈 벌러 원양어선을 타고 나갔다. 아내는 만삭이라 구걸할 수도 없다.

▶ 사례 6

양곤선교연합교회 주일 학생인 12세 정도되는 여자아이는 교회에서 거의 산다. 심부름도 잘한다. 영특하다. 교회 발표회 때 한 번도 빠지지 않고 발표한다. 율동, 찬양으로 하나님께 영광을 돌린다. 우리 일행이 식사하면 밥상머리에 앉아 국이 떨어지면 국을 갖다 주고 반찬이 떨어지면 반찬을 가져다주는 어린이다. 그 가정의 가장은 알코올 중독에 인신매매 두목이다. 딸이 열심히 교회 다니는 것을 보고 감동받아 교회에 나왔다. 지금은 교회에서 열심히 봉사한다.

10월 3일 양곤선교 연합교회에서 부흥회를 마치고 배를 타고 나오는데, 알코올 중독에 인신매매 두목이었던 부모가 시장에서 생선 장사를 하고 있었다. 감동이었다. 딸의 전도를 받고 교회에 나오고 장사하며 생계를 유지하는 것을 보면 복음의 능력은 참으로 위대하다. 복음이 들어가니까 알코올 중독자들이 변화되는 것을 보며 큰 감동을 받았다. 할렐루야!!

▶ **사례 7: 많은 알코올 중독자들을 만나기까지 인도하신 하나님**[*]

저는 선교연합교회를 섬기는 권사입니다. 본 교회는 동서화목그리스도교회에서 선교연합교회로 이름을 바꾸었습니다. 그 과정 속에서 많은 연단과 훈련을 통하여 낮아지게 하시고 수급자, 독거노인, 알코올 중독자와 더불어 각종 중독자을 만나며 인생 막장인 땅끝으로 인도하셨습니다. 이렇게 등촌3단지 상가 지하에 선교연합교회가 탄생되었습니다. 동양과 서양이 화목 하는 교회를 넘어 세계로 선교하는 선교연합교회가 시작된 것입니다.

이전하여 첫 예배를 드리기 전 사연입니다. 어떤 술 취한 건장한 남자분이 교회에 들어왔습니다. 술 냄새가 진동했습니다. 저도 모르게 "술 취했나 봐요" 했다가 얼마나 험한 소리를 들었는지 모릅니다. 목사님은 알지도 못하시고 말을 함부로 했다고 핀잔하여 억울했습니다. 그래도 첫 영혼을 보내주셔서 반갑기도 했습니다. 목사님께서 겨우겨우 달래서 사연을 듣게 되었습니다. 자기는 전직 권투선수이며 가끔 교회에 나간다고도 했습니다. 자신은 죄인이며 불효자라고 울면서 사연들을 이야기했습니다. 시간이 지나 집에 데려다 달라고 했습니다. 그래서 목사님과 함께 심방을 가게 되었는데 집은 아니고 어느 라이브카페였습니다. 거기에서 숙식하며 노래를 부른다 했습니다. 목사님께서 머리에 손을 얹고 안수기도를 해주었습니다.

그 사람이 울기 시작했습니다. 기도가 끝나고 자기가 찬송 한 곡 하겠다고 하며 기타를 치며 복음성가를 불렀습니다. 절규하며 불렀습니다. 저희 마음이 울컥했습니다. 하나님께서 저 영혼을 사랑하여 우

---

[*] 이 사례는 선교연합교회 심방권사이자 여선교회장이 쓴 글이다.

리 교회에 보내셨나 잠시 생각했습니다. 시간이 되어 저희가 가겠다고 하니까 만원을 빌려 달라 했습니다. 목사님께서 주셨습니다. 그런데 그 사람은 지금까지 보이지 않습니다.

두 번째 중독 사연입니다. 어느 날 전도하러 교회 앞 아파트 상가에 갔다가 어떤 사람을 만나 그 집에 가게 되었습니다. 집에 들어서는 순간 집안 환경을 보고 경악하지 않을 수 없었습니다. 창문에는 담요가 쳐져 있고, 바닥은 발 디딜 틈도 없을 만큼 어질러진 옷가지, 언제 빨았는지 모를 이불들, 지독한 냄새, 냉장고에는 아무것도 없고 썩은 음식뿐이었습니다. 술병은 여기저기 셀 수 없이 뒹굴고 있었습니다. 여기에서 어떻게 사람이 살 수 있단 말인가? 이런 환경 속에서 건강한 사람인들 온전할까? 폐결핵으로, 키가 175cm인데 체중은 40kg이니 그 몸에 밥을 먹지 않고 돈만 있으면 술만 먹으니 몸인들 견뎌낼까 생각이 들었습니다. 저 상태로 사람이 언제까지 살 수 있을까? 걱정도 되고 궁금하기도 해서 대화를 하게 되었는데, 횡설수설 자기변명, 사회에 대한 비판, 여기저기 교회 나갔다는 사연을 들으며 다음에 교회에 나오라고 하고 집을 나왔습니다.

다음 심방을 갈 때는 이불을 사 들고 갔습니다. 창문에 담요가 없어졌고 집도 조금씩 정리되고 표정도 밝아졌습니다. 계속 반찬을 사들고 가며 심방을 했습니다. 처음에는 교회에 열심히 나오는 듯 했지만 나오지 않았습니다. 이 동네에 살고 있는 알코올 중독자들은 수급비가 들어오는 순간부터 술을 마시기 시작합니다. 돈이 다 떨어질 때까지 그 생활이 반복되고 반복됩니다. 돈도 떨어지고 먹을 것이 없으면 교회에 찾아옵니다. 계란 몇 개 달라고, 돈 빌려달라고, 김치 달라고, 그래도 교회에 오면 먹을 것을 준다 생각하고 오고 있습니다.

또 한 사람이 있습니다. 이 사람이 교회에 처음 온 날은 주일 예배 시간이었습니다. 계단에서 큰 소리가 들려왔습니다. 모두가 뒤를 돌아보는데, 술 취한 사람이 횡설수설, 자리에 앉아서도 횡설수설, 예배를 방해해서 목사님께서 조용히 하라고 해도 소용이 없었습니다. 참으로 적응이 되지 않는 분위기였습니다. 예배가 끝나고 목사님과 이야기를 하는데 전에부터 가끔 교회에 나왔다고 했습니다.

집에 심방을 갔는데 집은 잘 정리되었고, 성구도 여기저기 걸려있고, 횡설수설 말이 많았습니다. 그는 동네에 문제 있는 영혼들의 사정을 다 알고 있는 듯했습니다. 특히 술친구 위주로 목사님께 여러 사람을 소개했습니다. 목사님께서는 그들 한 사람 한 사람에게 술 끊고 예수 믿으라고 많이도 권면했습니다. 어느 때는 혼내고 또 달래고 그러나 그들은 여전히 그 현실을 벗어나지 않았습니다. 심심하면 교회 오고, 문제 생기면 목사님께 도움 요청하고, 그 과정 속에서 자살하고, 술로 죽음을 맞이하고….

또 한 사람, 소심하고 연약한 영혼이 있습니다. 그는 지금 중독치료차 병원에 있습니다. 그는 조현병이 있고 우울증 알코올 중독자입니다. 술을 먹지 않으면 조용히 예배에 잘 참석합니다. 술 안 먹으려고 해도 잘 안된다고 기도해 달라고 했습니다. 여리고 착한 젊은이가 술에 사로잡혀 시간을 낭비하는 것을 보면 정말 안타깝습니다.

어제는 한 알코올 중독자가 교회 문에 앉아서 술판을 벌리고 목사님을 기다리고 있었습니다. 목사님께서 교회로 데려가서 차를 대접하고 집에 보내려고 하니 회개할 것이 많다고 교회에서 기도하고 자고 간다고 했습니다. 안된다고 하니 교회 계단에 있는 화분들을 깨고 가 버렸습니다. 여기에서는 얼마나 많은 사람들이 술에 노예가 되어서 살아가는지 모릅니다.

술이 들어가면 폭력을 행사하고 목사님을 비방하고 이간질합니다. 그래도 끊임없이 찾아가고 설득하고 권면하고 참으로 인내의 시간들이었습니다. 알코올 중독자들은 술을 먹지 않을 때는 양같이 순합니다. 하나같이 의기소침하고, 대인기피증이 있고, 소심하고, 우울증이 있습니다. 어느 때는 그들을 보면서 막막하여 '우리가 그들을 섬기는 것이 과연 옳은 일인가' 세상 끝에 와 있는 듯 느껴지기도 합니다. 배반당하고 낙담이 들 때가 있지만, 예수님의 심정으로 섬기는 것만이 우리의 자세라 생각하며 기도로 성령에 도우심을 바라고 있습니다. 그들을 보며 나 자신을 돌아봅니다. 예수님을 배반하며 살고 있지는 않은지 회개하는 심령으로 그들을 섬기려 합니다. '그들도 예수님 만나면 변화될 텐데' 하며 오늘도 기도합니다. 이웃을 내 몸처럼 사랑하라는 주님의 말씀이 있기에, 비난하지 않고 소자한테 하는 것이 예수님께 하는 것이라는 주님의 말씀 앞에 겸손해지려 합니다. 그들 또한 주님이 사랑하는 한 영혼인 것을! 세상 끝까지 주님을 찬양하며 할렐루야!

2년 동안 알코올 중독자들을 섬기면서 하나님의 일하심이 크고 놀라움을 경험했습니다. 알코올 중독은 만성적이고 진행성 질병이므로 자신의 인격이나 의지와 상관없이 뇌의 손상에 의해 저절로 중독 증상이 깊어지는 신경정신적 질환입니다. 알코올 중독은 질환임을 먼저 인식하고 그들을 비난하는 대신 환자에 대한 지지가 우선되어야 합니다. 알코올 중독 사역은 끊임없는 인내와 대화, 사랑을 요구하며, 그들과 함께 삶을 나누고 실천하는 삶이 중요하다고 믿습니다. 샬롬.

스마트 시대 어떻게 대처할 것인가

박종연
(한국미디어상담연구소/중독치유연구소)

▶ 사례

작년 봄 중학교 3학년 오군이 엄마와 같이 찾아온 이유는 오군이 스마트폰 과의존인 것 같다는 것이었다. 오군의 아빠 또한 인터넷 게임과 스마트폰 사용이 많은 편이었으며, 오군의 경우 평소 스마트폰 사용이 많기는 했지만 그리 크게 생각하고 있지 않았다.

그러던 어느 날 카드 사용 내용 중 게임 아이템 구입비용이 너무 많이 나오게 된 것을 알게 되어, 이전 카드 사용 내역을 살펴보다가 구입한 적이 없는 게임의 아이템 구입비가 있는 것이 주기적으로 확인되어 오군을 추궁하게 되었고, 1년간 스마트폰 게임 아이템을 아빠 카드로 몰래 구입한 것이 드러나게 되었다. 처음에는 400만 원 정도로 알고 있다가 추후 확인하니 700만 원 정도 사용한 것이 드러나게 되어 상담을 의뢰하게 되었던 것이다.

이제 우리 사회는 스마트폰 가입자가 5천만 명을 넘어서며 사실상 국민 1인당 1스마트폰 시대가 되었다. 그로 인해 국민생활의 편리성도 많아졌지만, 그에 못지않은 사회, 가정, 교회에서도 많은 문제들이 만들어진 것도 사실이다.

한국정보화진흥원의 「2017년 스마트폰 과의존 실태조사」에 따르면 만 3세에서 69세까지 스마트폰 이용자 2만 9천여 명을 대상으로 조사한 결과 전체 조사자 중 위험군 현황이 18.6%로 나타났으며, 그 중 유·아동(만3~9세) 중 스마트폰 과의존 위험군은 19.1%로 나타났다. 유·아동 5명 중 1명이 위험군에 속한다는 얘기이다. 만 10~19세 청소년 중 스마트폰 과의존 위험군이 30.3%로 나타난 것은 문제의 심각성이 점점 더 커지고 있음을 보여준다.

그러한 현상으로 인하여 교회 역시 스마트폰 문제에 대해서 제대로 대처하지 못한다면 목회에 있어서도 상당히 안 좋은 상황들에 부딪칠 수도 있을 것이다.

위의 사례는 스마트 시대를 살아가고 있는 우리에게 일어날 수 있는 극히 일부분의 사례이다. 이제부터 인터넷, 스마트폰의 잘못된 사용으로 인해 일어날 수 있는 일들을 하나하나 구체적으로 살펴보고 간단한 사례와 더불어 교회에서 이 문제들을 어떻게 해결하는 것이 좋을 것인지에 대해 나누도록 하겠다.

1. 카톡, 페이스북, 인스타그램, 유튜브

요즘은 카카오톡과 같은 모바일 메신저가 문자와 통화를 대신하는 하나의 통신수단으로 자리매김했으며, 사람들은 페이스북과 인스타그램을 통해 자신의 일상을 올리고, 유튜브를 통해 본인이 원하는 영상을 찾아보고 본인 스스로 유튜버가 되어 방송을 올리는 시대에 살고 있다.

교회 또한 카카오톡과 페이스북을 통해 교인들과 소통하고 교회 일들을 알리고 있으며, 설교도 유튜브를 통해 퍼져나가고 있다. 이런 현상은 잘만 이용하면 매우 긍정적 효과를 불러올 수 있다. 그러나 잘못 사용되면 오히려 교회 사역에 집중하는 것이 아니라 보여주기 위한 인터넷 매체이용에만 집중하게 되고, 반응을 살피는 것에만 치중하게 되는 좋지 않은 역효과가 나기도 한다.

또한 요즘 교회에 새로이 나타나는 현상 중 하나는 예배와 설교 중에 목사님 얼굴을 제대로 바라보면서 예배에 집중하는 모습이 조금씩 사라지고 있는 것이다. 이러한 현상은 세대가 내려가면 갈수록 더 많이 나타난다. 스마트폰에서 울리는 카카오톡이나 페이스북, 인스타그램, 유튜브에 올린 글이나 영상들의 반응을 살피고 바로바로 실시간 댓글을 달아야 한다는 생각이 교인들 머릿속에 가득 차, 예배가 아닌 스마트폰에 집중하는 것이다. 이는 「2017년 스마트폰 과의존 실태조사」(한국정보화진흥원)의 과의존 위험군의 스마트폰 주이용 콘텐츠를 살펴보면 메신저(95.5%)를 가장 많이 이용한다는 조사결과와도 일치가 된다.

교회에서 이런 문제를 해결하기 위해 가장 좋은 방법은 공공장소에서 시행하는 것과 같은 스마트폰 에티켓을 교회에서 시행하는 것이다. 교회에서 예배를 드릴 때 스마트폰을 꺼두게 하거나 비행기모드로 전환할 수 있게 교회 안에 안내문을 부착하든가 예배 전 광고시간에 스마트폰을 잠시 끄게끔 안내하는 것이 이제는 필수적이라 할 수 있다. 또한 교회의 카톡이나 페이스북, 인스타그램, 유튜브 관리는 전담 인력을 따로 두어 정해진 시간에만 글과 영상을 올리고 관리하는 것이 필요하다고 본다.

부모들을 대상으로 하는 스마트폰 예방교육 및 상담을 할 때 가장 많이 받는 질문 중 하나가 아이의 스마트폰을 언제 사주는 것이 좋은가에 대한 질문이었다. 많은 부모들이 아이들이 초등학교에 들어가면 스마트폰을 사주고 그로 인해 서서히 갈등이 생겨나고 중·고등학교 때 쌓였던 문제들이 터져 결국 스스로 통제를 상실하고 상담을 오게 된다. 빼앗으려고 해도 아이들은 스마트폰이 없으면 친구들과 반 채팅이 되지 않기 때문에 '왕따'를 당할 수 있다고 이야기하며, 모든 소통의 방식이 스마트폰으로 가있기 때문에, '내가 사주지 않으면 우리 아이만 뒤처지는 것이 아닌지'에 대한 불안감에 다시 또 스마트폰을 사주거나 돌려주는 일들이 가정 안에서 반복되고 있다.

아마도 목회자들이 많이 받을 수 있는 질문도 과연 언제쯤 아이에게 스마트폰을 사주는 것이 좋을지에 대한 것일 수도 있을 것이다. 발달적 관점에서는 통상 12세가 참고, 기다리고, 규칙을 학습하는 것이 완성이 되는 시기이기 때문에, 12세 이후 스마트폰을 사주는 것이 그나마 스마트폰 사용으로 인한 문제를 줄일 수 있는 방법 중 하나이며, 스마트폰을 사주기 전에 스마트폰에 대한 가정 내 규칙을 명확히 한 후 사주는 것이 좋다.

2. 모바일 게임과 도박

요즘 TV나 인터넷, 대중교통을 이용할 때 우리는 많은 모바일 게임 광고를 볼 수 있다. 대부분의 경우는 잠깐씩 보는 것이라고 생각하기 때문에 크게 문제를 삼지 않는 것 또한 사실이다. 그러나 이렇게 잠깐씩 하는 게임시간을 합해서 생각해 본다면 문제의 심각성이 다르게 보일 것이다.

한국콘텐츠진흥원이 낸 「2018 게임 이용자 실태 보고서」에 따르면, 모바일 게임 이용자들은 주중에 하루 평균 90분, 주말에 하루 평균 114.1분 동안 게임을 한다는 조사 결과가 나왔다. 이것을 일주일로 계산하면 568분으로 결코 적은 시간이 아니라는 것을 알 수 있다.

사용시간뿐만 아니라 게임이 가지는 폭력성은 이미 많은 사회적 문제를 만들어낸 것을 우리는 잘 알고 있다. 몇몇의 스포츠 게임을 제외한 대부분의 게임은 누군가와 어떠한 물건을 부수고 죽이는 게임들이며, 이런 게임들에 노출된 빈도가 많으면 많을수록 아이들의 뇌 전두엽의 기능들은 떨어지게 되어 충동성과 폭력성이 증가하게 된다. 이런 일로 폭력에 둔감해져 쉽게 다른 사람에게 폭력을 행사하게 되며, 폭력을 가하는 것에 대한 죄책감이 상실되는 결과가 만들어질 수 있다.

또한 많은 모바일 게임 업체들이 게임은 무료로 제공하면서 게임을 만든 비용을 충당하기 위해 게임 아이템을 팔고 복권시스템을 도입하여, 아이템 도박을 조장하고 있으며, 그로 인해 10대부터 20~30대에 이르기까지 과도한 게임 아이템 구입으로 인해 생활이 힘들어지고 빚을 지게 되어 상담을 오는 경우가 계속 증가하고 있다. 그뿐 아니라 오프라인의 스포츠 토토와 카지노 게임 역시 이제는 모바일 쪽으로 들어와 많은 이들을 병들게 하고 있다.

이런 문제에 대처하기 위해 목회자들은 문제를 발견함과 동시에 문제를 축소하고 덮기보다는 교회 공동체 전체의 문제로 인식하고 폭력과 도박으로부터 받은 영적 상처에 대한 회복작업을 당사자뿐 아니라 가족들에게 치유사역을 하여야 한다. 더불어 문제에 대한 교육과 대처법에 대한 것을 교회가 나서서 중재자로서, 교육자로서, 치유자로서 나서서 문제에 적극적 대처를 해 나아간다면 더욱더 건강한 교회공동체로 거듭날 것이다.

3. 음란물

여성가족부에 따르면 「2016년 청소년 매체이용 및 유해환경 실태조사」 결과 초등학생의 성인 영상물 이용률은 2014년 7.5%에서 2016년 16.1%로 2년 사이 약 10%포인트 증가한 것을 볼 수 있다. 스마트폰의 보급이 대중화 되면서 음란물에 노출되는 연령이 점점 초등학교 저학년으로 내려가고 있으며, 이미 학생들 사이에서는 음란물은 초등학교 때 다 보고 중학교에 진학한다고 이야기할 정도다.

이는 스마트폰 성인 어플리케이션과 카카오 톡과 같은 모바일 메신저의 사진, 영상 및 사이트 주소를 보낼 수 있는 기능들의 여파와 더불어 많은 음란물을 생산해내는 사람들이 모바일을 통해 광고를 하고 몇 분씩 내용을 그냥 볼 수 있게 풀어주고 있으며, 웹하드를 통해 음란물에 접근을 쉽게 만들어놓은 것에 원인이 있다고 할 수 있다. 이런 것들을 호기심에 손쉽게 몇몇 단어들을 검색해 찾아보고 그것들을 쉽게 보여줌으로 인해 많은 이들이 호기심을 넘어 적극적으로 음란물을 탐색하게 되고 음란물과 현실과의 괴리가 무너지게 되어, 결국 성범죄로 연결되는 악순환의 고리가 만들어지고 있는 것이다.

실제 상담한 사례에서는 한 지역의 아동합창단 단원 중 한 남자아이가 카카오톡 단체 채팅창에 부모가 가지고 있던 음란물 파일을 올려 30여 명의 초등학교 합창단 아이들이 이것을 보게 되고 그로 인해 합창단이 해체에 이를 정도로 문제가 커진 사례가 있었으며, 한 고등학생은 본인이 본 연예인 합성 음란사진을 다시 인터넷에 올려 사이버수사대에 체포되어 음란물 유포죄로 처벌받은 사례까지 나타나게 되었다.

음란물은 영적인 상처를 입히는 죄이며, 동시에 법적으로도 처벌을 받을 수 있다. 교회에서는 건강한 성에 대한 교육으로 성범죄를 예방하고 음란물의 유혹에 대처할 수 있도록 해야 한다. 더불어 음란물에 노출되어 입은 영적인 상처는 말씀의 묵상과 함께 치유작업이 병행되어야 할 것이다.

유혹을 이길 수 있는 성경 문구

두려워 말라 내가 너와 함께 함이니라 놀라지 말라 나는 네 하나님이 됨이니라 내가 너를 굳세게 하리라 참으로 너를 도와주리라 참으로 나의 의로운 오른손으로 너를 붙들리라(사 41:10).

시험에 들지 않게 깨어 있어 기도하라 마음에는 원이로되 육신이 약하도다 하시고(마 26:41).

사람이 감당할 시험밖에는 너희에게 당한 것이 없나니 오직 하나님은 미쁘사 너희가 감당치 못할 시험 당함을 허락지 아니하시고 시험당할 즈음에 또한 피할 길을 내사 너희로 능히 감당하게 하시느니라(고전 10:13).

너희 속에 착한 일을 시작하신 이가 그리스도 예수의 날까지 이루실 줄을 우리가 확신하노라(빌 1:6).

주는 미쁘사 너희를 굳게 하시고 악한 자에게서 지키시리라(데후 3:3).

주께서 경건한 자는 시험에서 건지시고 불의한 자는 형벌 아래 두어 심판 날까지 지키시며(벧후 2:9).

4. 교회에서의 예방 및 상담(예방교육안 예시)

1) 스마트폰의 정의

스마트폰을 정의 하는 말은 여러 가지로 나누어 볼 수 있는데, 국립국어원에서는 다듬은 말로 "똑똑(손)전화"라는 용어를 사용하고 있으며, 두산 백과사전에서는 휴대폰과 개인휴대단말기(personal digital assistant, PDA)의 장점을 결합한 것으로, 휴대폰 기능에 일정관리, 팩스 송·수신 및 인터넷 접속 등의 데이터 통신기능을 통합시킨 기기라고 표현하면서, 가장 큰 특징으로 수백여 종의 다양한 애플리케이션(응용프로그램)을 사용자가 원하는 대로 설치하고 추가 또는 삭제할 수 있다는 점을 이야기 하고 있다. 마지막으로 하나를 더 살펴보면 위키백과 사전에서는 스마트폰smart phone을 '컴퓨터와 같은 기능과 더불어 고급 기능을 제공하는 휴대전화이다'라고 정의를 내리고 있다.

> 스마트폰을 단순히 전화기 기능이 주가 되는 기기가 아니라 컴퓨터와 같은 기능과 더불어 고급 기능을 제공하는 기기 즉, 스마트폰은 단순히 기능 많은 전화기가 아닌 전화 기능이 있는 들고 다니는 휴대용 컴퓨터라는 접근이 매우 중요함.

2) 스마트폰 사용 실태*

전체 스마트폰 과의존 위험군(고위험군+잠재적위험군)은 17.8% (7,426천 명)로 전년(16.2%) 대비 1.6%p 상승하였으나, 증가세는 둔화되었다('14년 14.2% → '15년 16.2% → '16년 17.8%).

- 연령별로 청소년(만10~19세)은 30.6%(1,649천 명)로 전년(31.6%)보다 1.0%p 감소한 반면 유·아동(만3~9세)은 17.9%(591천 명), 성인(만20~59세)은 16.1%(4,826천 명)로 전년 각 12.4%(+5.5%p), 13.5%(+2.6%p) 대비 증가하였다. 금년 처음으로 조사한 60대 과의존위험군은 11.7%(360천 명)로 나타났다.

---

* 박종연, 「서울시정신문」 2017. 2. 3.

- 가구원수별로 1인 가구의 고위험군이 3.3%로 가장 높았고, 3인 이상 가구의 잠재적 위험군이 높게 나타났다. 스마트폰 과의존위험성에 대한 부모-자녀간 상관성을 분석한 결과 부모가 과의존 위험군인 경우, 유·아동 자녀가 위험군에 속하는 비율이 23.5%, 청소년 자녀가 위험군에 속하는 비율이 36%로 높게 조사되었다.
- 스마트폰 주이용 콘텐츠로는 메신저(94.5%) 이용이 가장 많았고, 게임(81.3%), 웹서핑(73.7%), SNS(65.0%) 등의 순으로 나타났으나, 부작용이 우려되는 콘텐츠로는 게임(35.4%)이 가장 높게 나타났고, 다음으로 메신저(24.0%), 웹서핑(21.1%) 순으로 조사되었다.

전체 스마트폰 이용자의 1일 평균 사용시간은 4.6시간(275분), 고위험군은 5.2시간(315분), 잠재적 위험군은 5.0시간(299분)으로 나타났다. 여기에 집에서 사용하는 컴퓨터 사용 시간을 더하게 되면 고위험군은 총 7.9시간, 잠재적 사용군은 7.4시간, 1일 평균은 7시간으로 대폭 늘어나는 것을 확인 할 수 있을 것이다. 1일 평균만 보더라도 여기에 일주일을 더하면 49시간으로, 일주일에 2일 이상을 스마트폰과 컴퓨터를 사용하는 데 쓰고 있다는 사실을 알게 된다.

3) 잘못된 스마트폰 사용법

(1) 모바일 메신저(카카오톡)

모바일 메신저인 카카오톡은 많은 사람들이 무료로 문자보내기 위해 만들어진 프로그램으로 알고 있는데, 정확히 설명하면 무선인터넷을 통한 채팅을 하기 위해 만들어진 어플리케이션이라는 것이다. 이는 문자보내기와 채팅이라는 용어의 정의를 살펴보면 좀 더 정확히 알 수 있다.

- 문자보내기(文字 message): 국립국어원 표준국어 대사전을 찾아보면 문자보내기의 정확한 의미는 휴대 "전화에서, 글자판을 이용하여 문자로 된 내용을 상대에게 전달하는 기능. 또는 그 글."
- 채팅(chatting): 전자 게시판이나 통신망에서, 여러 사용자가 다양한 주제를 가지고 실시간으로 모니터 화면을 통하여 대화를 나누는 일.
- 모바일 메신저(카톡)의 문제점
    - 시도 때도 없이 울리는 카톡음(진동) 공해
    - 가족간의 대화 단절
    - 문자파괴 현상
    - 모바일 메신저를 통한 왕따 문제

(2) 스마트폰 게임
- 사행성(게임 아이템)
- 폭력성(충동조절 능력 상실)

(3) 스마트폰 도박

한국도박문제관리센터의 「2015 청소년 도박 문제 실태조사」 결과에 따르면, 대상 인원 1만4천11명 가운데 도박 중독 치유가 필요한 위험군(Red)은 1.1%(152명), 도박 중독에 빠질 가능성이 큰 문제군

(Yellow)은 4%(563명)로 나타났다. 이를 전국의 전체 중·고등학생 수인 317만 명에 대입하면 위험군은 3만 명, 문제군은 12만 명에 이를 것으로 추산됐다.

요즘 청소년 사이에서 유행하는 도박은 일명 '사다리 게임'과 '달팽이 게임'이라는 불법 온라인 도박이다. '사다리 게임'은 사다리 양쪽의 '홀'과 '짝' 중 하나를 선택해 사다리를 타고 내려온 결과를 맞히는 게임이다. '달팽이 게임'은 화면에 나타난 세 마리의 달팽이 중 가장 먼저 결승선에 도착하는 달팽이를 맞히는 방식이다.

두 게임 모두 방식이 단순하고 5분마다 한 게임씩 진행돼 회전율이 빠른 특징이 있다. 특히 다른 도박과는 달리 승률도 33~50%로 높은 편이어서 중독성이 꽤 크다. SNS에선 이런 불법 도박을 부추기는 광고 게시물들이 넘쳐나고 있다.

문제는 이 같은 불법 도박 사이트들은 성인 인증을 거치지 않기 때문에 청소년들도 얼마든지 이용할 수 있다는 점이다.

(4) 스마트폰 음란물

2016 청소년 매체이용 및 유해환경 실태조사

조사기간	2016년 10월 7일~2016년 11월 30일	
조사대상	전국 학생·청소년 1만 5646명(초등 4년~고등 3년)	
조사결과	청소년 10명 중 4명(41.5%)	지난 1년간 '성인용 영상물' 본 적 있다.
	그중 초등생(5~6학년) 경험률: 16.1%	이전 조사결과(7.5%) 대비 2배 이상 증가
	성인용 영상물의 주된 경로	• 포털사이트(27.6%), • 실시간 영상 및 사이트(19.1%), • SNS(18.1%)

출처: 여성가족부

또한 행정안전부의 「2012 청소년의 성인물 이용 실태 조사」 발표에 따르면 성인물 이용 이후 일부 청소년들이 '변태적인 장면도 자연스럽게 여기게 됐다'(16.5%), '이성 친구가 성적 대상으로 보인다'(7.9%), '성추행-성폭행 충동을 느꼈다'(5.0%) 등으로 나타났다.

5. 잘못된 사용으로 인한 문제

1) 뇌와 정신적 문제

- 팝콘브레인popcorn brain: 첨단 디지털 기기(스마트폰, 태블릿 PC, 컴퓨터 등)의 사용이 증가하고 다양한 디지털 기기들에 익숙해지면서 생활을 하는 가운데, 현실감각에 무감각해지고 주의력을 크게 떨어뜨려 팝콘처럼 아주 강한 자극에만 반응하는 현상이다.
- 디지털 치매(digital 癡呆): 스마트폰이나 태블릿 PC 등의 첨단기기의 사용이 증가함으로 인하여 나타나는 증상으로 생활하는 데 필요한 간단한 전화번호 암기와 계산능력, 개인 스케줄을 잘 기억하지 못하는 것과 같은 단기 기억력이 떨어지는 현상을 의미한다.
- 문제해결능력 감소: 일찍 스마트폰이나 컴퓨터를 접하게 되면 문제를 해결할 수 있는 능력 자체가 많이 발전하지 못하고 한두 가지의 획일적 문제해결방식을 가지게 될 수 있다.
- 감정발달의 저해: 사람이 성장을 해가면서 다양한 사람을 만나고, 다양한 경험을 하면서 타인과 소통하는 법을 익히는 것이 자연스러운 것이나 스마트폰과 같은 첨단기기의 사용이 증가하면

서 사람과 만나는 것과 여행과 같은 다양한 경험들을 할 수 있는 기회가 줄어들어 다른 사람의 감정을 이해하고 자신의 감정을 표현하는 경향이 적어 자연스러운 감정발달에 부정적인 영향을 끼칠 수 있다.
- 인터넷 중독: 몇 가지 관련 질환들이 나타나는데, 우울증과 과잉행동주의력결핍과잉행동장애(ADHD)가 가장 많이 나타나며, 학습장애와 반응성 애착장애(틱장애)도 많이 발생한다.

2) 신체적 문제

- 안구건조증: 스마트폰을 장시간 사용하면 눈이 자주 시리며 안구건조증이 생긴다.
- 손목터널증후군: 의학적 용어로 '수근관증후군'이다. 이는 손목에는 손가락을 움직이는 여러 힘줄, 신경, 혈관 등이 지나가며 이를 둘러싸고 보호하는 일종의 터널과 같은 것이 있는데 과도한 스마트폰과 PC 등의 사용으로 인해 손목 터널의 공간이 좁아져 신경을 압박하게 되고 힘줄이 자극을 받아 손 저림 등 마비현상이 일어난다.
- 거북목증후군: 스마트폰을 사용할 때 좁은 액정화면을 보기 위하여 고개를 내밀게 되는데 마치 이 모습이 거북이처럼 구부정한 자세를 만들어 이 자세를 장시간 유지하게 되면 앞쪽으로 볼록하게 나와 있는 C자형 정상 목뼈가 일자형으로 변형된다.
- 근막동통증후군: 신경학적으로 아무런 이상이 없는데도 어깨·뒷목·허리·엉덩이 등의 근육이 뭉쳐 뻐근하고 쑤시는 증상이다. 흔히 담이 들었다고 말하는데, 특히 목에서 어깨로 내려오는 곳이

매우 심하게 결리고 돌처럼 딱딱한 부위가 느껴진다.
- 블랙베리증후군_{BlackBerry Thumb}: 디지털 기기조작이나 문자 메시지, 모바일 메신저(카톡)를 주고받으면서 엄지손가락을 반복적으로 사용할 때 많이 나타나는 엄지손가락이 뻐근해지는 관절 질환을 뜻하며, 다른 말로는 엄지증후군이라고도 한다.
- 컴퓨터 단말기증후군(VDT 증후군): 장기간 디지털 기기의 사용으로 인한 청력손상뿐만 아니라 컴퓨터의 스크린, 스마트폰에서 방사되는 X선·전리방사선 등의 해로운 전자기파에 장시간 노출되게 되면 그로 인해 두통, 시각장애 등의 증세들이 나타나게 되는 것을 일컫는다.
- 스몸비_{smombie}: smartphone zombie를 줄인 신조어. 이 말은 스마트폰으로 전화를 하거나 주로 화면을 들여다보며 천천히 길을 걸어가는 사람을 가리키는데, 스마트폰 사용에 몰입하기 때문에 주변 환경을 인지하지 못하여 사고를 일으킬 위험이 높다.

6. 스마트폰 의존(중독) 해결책

1) 스마트폰 중독이란

> 스마트폰 중독이란 "과도한 스마트폰 사용으로 인해 신체적, 정신적, 사회, 경제, 가정, 학교 등 일상생활에 어려움이 생겨 자신뿐만 아니라 타인에게까지도 문제가 있다고 인식하게 되는 상태"를 의미함.

2) 스마트폰 중독 증상

- 화장실 갈 때도 스마트폰을 가지고 간다.
- 스마트폰이 주머니에 없으면 안심이 안 되고 불안해진다.
- 기종이 같은 스마트폰 사용자를 만나면 스마트폰에 대한 이야기만 한다.
- 스마트폰이 고장 나면 친구를 잃은 것 같다.
- 스마트폰 배터리가 하루 동안 지속되기 힘들다(너무 많이 사용해서).
- 스마트폰 사용료 때문에 다른 지출을 줄인다.
- 스마트폰에 대한 지식을 스마트폰에서 찾아본다.
- 모든 스케줄이 스마트폰에 저장되어 있다.
- 스마트폰의 어플이 80개가 넘고 그것을 모두 사용하고 있다.
- 스마트폰 액세서리 구입에 스마트폰 가격보다 더 많이 지출한다.

3) 스마트폰 중독 해소법

- 가족 규칙 만들기
- 가족 게시판 만들기
- 거실공간 활용하기(스마트 기기 사용 장소)
- 방은 잠자는 공간으로 활용하기
- 집에서는 모바일 메신저(카톡) 사용금지
- 집 거실에 한 대의 TV와 집전화 만들기
- 스마트폰을 약정제가 아닌 현금으로 사주기
- 모든 규칙은 가족 전체에 적용하기
- 잠잘 때 스마트폰 들고 들어가지 않기

- 식사 시간, 화장실 사용 시 스마트폰 사용 금지
- 일주일 하루 스마트폰 없는 날 정하기(종교생활, 가족모임)

위 내용은 『스마트폰 중독 이렇게 극복하라』(박종연 지음, 혜성, 2013)에서 발췌한 것으로서 각 교회의 특성에 맞추어 일부 내용을 수정하거나 성경적 문구나 내용을 추가하여 다양하게 예방교육을 하는 데 활용하면 도움이 될 것이다.

스마트폰 사용에 문제가 있거나 과몰입에 빠져 있는 성도나 자녀들을 상담할 때 중요한 부분은 검사를 통해 정확히 문제의 심각성이 어디에 와 있는지를 확인 하는 것이 중요하며, 그와 더불어 심각한 과몰입으로 인하여 가정에서 통제력이 상실된 경우 적극적 병원치료와 상담이 병행되어야 한다. 스마트폰 사용 문제에 대하여 DSM-5에서는 주의해서 보아야 할 문제로 분류하였으며, 세계보건기구(WHO) 진단기준인 ICD-11 초안에는 포함된 질병으로, 기본적인 충동조절과 욕구를 억제 하는 약물과 더불어 상담이 진행된다면 더욱 효과적인 대처가 가능해진다.

시기를 놓치는 경우 통원치료로 끝날 수 있는 부분이 입원치료까지도 이어질 수 있으니 각별한 주의가 필요하다. 그러나 다행인 것은 이런 과몰입의 경우는 교회현장에서는 찾아보기가 힘든 편이며, 대부분은 잠재적 위험군으로서 스마트폰 사용의 문제가 언제든 심각해질 수 있는 사람들이 많다는 것이다.

스마트폰은 이미 가정 및 교회, 사회에 많이 보급되어 있기 때문에 사용에 대한 부분은 철저히 필요한 목적을 가지고 필요한 만큼만 사용할 수 있는 환경을 만들어주어야 한다. 더불어 정확한 사용 규칙을 만들어 올바른 사용습관을 만들어주는 방향으로 상담을 진행하는 것이 좋다.

중독자 가정의 가족 질병
: 동반의존

고병인
(고병인가족상담연구소)

1. 들어가는 말

동반의존codependency은 알코올 중독자와 그 가족을 도우려는 전문 상담자들에 의해 처음으로 인식되었다. AAAlcoholics Anonymous(익명의 알코올 중독자 자조모임) 설립자들은 알코올 중독자들에 대해서 몇 가지를 알게 되었다. AA는 알코올 중독자들을 구제하는 일에 성공했지만 심각한 가족의 문제가 남아있음을 발견하게 되었다. 중독증을 지속시키거나 강화하는 독특한 역할을 하고 있는 것이 다름 아닌 가족 구성원이라는 사실을 발견하기 시작했다. 일 년 동안 AA에 참석하지 않은 일반 중독자의 가정과 AA에 참여하여 중독에서 벗어난 가족들을 비교해본 결과 후자의 가족들이 전자의 가족에 비해 가정이 붕괴, 해체, 와해되는 확률이 높았다. 사역자들은 알코올 중독자가 알코올에 의존해 있었던 것과 똑같이 가족들이 알코올 중독자에게 매우 의존되어 있음을 알게 되었다. 또한 중독자의 변화에 의해 가정의 '항상성'과 '평형성'이 무너지는 것을 배우자들이 감당하지 못하고 있음도 알게 되었다. 역사적으로 동반의존성이라는 용어는 알코올 중독자 치료에 처음으로 사용되었다.

돌보는 자caretaker, 구출자rescuer, 동반 중독자coaddict 등으로 불리는 동반의존성을 가진 사람들은 그들 나름대로 고통과 역기능적인 행동의 유형을 가지고 있다. 그들은 두려움, 분노, 고통, 수치심, 죄책감으로 짓눌린다. 중독자는 알코올이나 약물, 도박, 기타 중독 등에 의존하고 가족들은 이러한 중독자에게 의존한다. 동반의존자들이 가장 필요로 하는 것은 자신들이 중독자들에게 계속 필요한 존재로 남는 것이다. 파출소에 가서 사정하여 배우자를 데려오고, 술집에 쓰러져 있는 배우자를 찾아가 술값을 대신 갚아주고, 간밤의 지나친 음주로 출근을 못하는 배우자의 회사에 대신 전화하여 배우자가 몸이 아파 출근을 못한다고 거짓말을 하는 등, 이 모든 행위들이 대신 책임져주는 동반의존의 예들이다. 비록 중독자가 회복되어 더 이상 약물에 의존하지 않게 되더라도 가족들의 이러한 증상은 그대로 남아 있는 것을 볼 수 있다.

▶ 사례

태어난 지 100일 좀 넘은 딸아이를 안고 부부가 필자의 상담소를 찾아왔다. 내용인즉 남편의 지나친 음주와 외박, 성병의 감염, 무분별한 카드 사용이 알코올 중독과 섹스중독으로 의심된다는 것이었다. 아내는 남편을 알코올 중독자라고 몰아세웠고 남편은 비즈니스로 인해 술자리가 많다고 합리화했다. 참다못한 아내는 단주하지 않으면 이혼하겠다고 이혼서류를 남편에게 내밀자 약해진 남편은 이혼을 만류하기 위한 수단으로 상담소를 찾아오게 되었다. 그러나 남편은 자기는 알코올 중독자가 아니라고 부정하면서 상담에 비협조적이었다. 마지못해 네 차례의 상담이 매주 토요일 이른 아침에 진행되었다.

다섯 번째 상담하는 날 남편이 화장실에 간 사이에, 아내는 남편이 목요일 밤 음주운전으로 전선주에 충돌하여 이글어진 승용차의 사고현장 사진을 보여주었다. 세 번째 음주사고라며 3년 전에도 면허가 취소되었고 면허를 갱신한 지 6개월밖에 안 되었다고 말한다. 사고가 나자 남편은 차량을 현장에 방치한 채 도망가고 난 후 아내에게 "당신이 운전하다가 사고 낸 것으로 신고해 달라"고 사정 반, 협박 반, 애걸해 여러 번 망설이다가 어쩔 수 없이 자신이 사고를 냈다고 경찰서에 신고하여 마무리하고 오늘 오게 되었다는 것이었다. 남편이 저지른 음주의 만행을 대신 신고하고 책임져 주는 것 자체가 가족의 질병인 동반의존이라고 설명하고, 이런 경우 남편과의 게임에서 아내들은 노예로 전락하고 남편들은 게임에 이긴 지배자가 되어 중독의 악순환은 계속될 것이라고 말했다. 이 부부의 상담은 5회기를 마지막으로 6회기부터 중단되고 말았다. 상담이 중단된 이유는 남편은 아내와의 게임에서 승자가 되었기 때문에 더 이상 아내의 명령을 듣지 않아도 되기 때문일 것이다.

2. 성인아이의 동반의존

동반의존의 개념은 더 이상 알코올에만 제한되지 않는다. 동반의존은 다른 화학 물질인 콜라, 담배, 마약 그 이상이며 지금은 의미가 넓어져 여러 가지 형태의 중독자 가정에 나타나는 현상을 지칭하는 말로 널리 사용되고 있다. 알코올과 약물 중독자는 물론, 물건이나 행동에 대한 거의 강박적인 충동을 비롯하여 무질서한 식사(과식, 폭식, 거식 등의 이상 식욕 항진증), 성 탐닉, 습관성 격분, 낭비하고 싶고 낭비되고 싶은 충동, 하루에 손을 수십 번 씻으려는 충동성/강박증 등을 가진 자가 있는 가정, 가정을 돌보지 않고 돈 버는 일이나 직장에만 열중하는 '일중독자workaholic', 충동적으로 놀음을 하지 않으면 견디지 못하는 도박꾼gambler 등 이러한 중독자가 있는 '역기능가정dysfunctional family'에서 자라난 사람들을 가리켜 '성인아이Adult Children'라고 말한다. 성인아이들에게서도 알코올 중독자 가정에서 볼 수 있는 동반의존적 관계를 발견할 수 있다.

동반의존이란 내면의 깊은 공허감을 채우기 위한 시도로 사람이나 사물에 집착하는 상태를 말한다. 그것은 자아가 단절된 상태이며 '잃어버린 정체성lost identity'이다. 다시 말해서 그것은 중독자 가정의 성인아이들에게 정체성의 혼란과 위기 상태를 나타나게 해주는 것이다. 그러므로 동반의존은 정체성 문제에만 국한하는 것이 아니고 인간 존재의 가장 궁극적인 부분까지 영향을 미치는 '영적 질병'이라고 할 수 있다. 그것은 영적 빈곤이라고 불리기도 하는데, 인간의 타락한 속성을 잘 묘사해주는 단어라고 생각된다.

동반의존은 타인에 대한 병적 의존성이라고 말할 수 있으며 때로는 동반중독성향을 보이기도 한다. 동반의존적인 성인아이들은 중독자 혹은 부모에 의해 조종되고 지배받고 경멸받으면서 그와 동시에 자신도 다른 사람들을 조종하고 지배하고 경멸하는 사람들이다. 자신들은 필요를 채우기 위한 노력으로 지배와 조종을 하려고 하며, 그렇게 해도 그 필요가 채워지지 않을 때는 경멸이나 애증의 관계로 이어지게 된다. 주변에 게임, 스마트폰, 컴퓨터에 중독된 자녀들로 어려움을 호소하는 부모들을 많이 본다. 자녀들의 중독을 근절시키기 위해 온갖 정보를 수집하여 자녀들을 통제해본다. 그러나 통제하면 할수록 더욱 악화되는 것을 발견하고 무기력에 빠진다. 자녀들을 통제하기에 앞서 부부간의 갈등과 역기능 그리고 자녀를 중심으로 야기되는 삼각관계, 중독과 동반의존성은 없는지 살펴보아야 한다. 게임, 스마트폰, 컴퓨터에 중독된 많은 자녀들이 역기능가정의 성인아이들이기 때문이다. 자녀를 '문제아' 내지 '희생양'으로 지명하기 전에, 자녀가 문제아가 될 만큼 가족이 병들어 있음을 자각하고, 병든 가족의 구조와 기능을 재구성하고 회복하기 위해 가족치료 전문가에게 부부 상담과 가족 상담을 조속히 받아야 한다.

3. 알코올 중독자 가정의 성인아이 AcoA

알코올 중독자 가정의 성인아이 AcoA: Adult Child of Alcoholics 들은 정상적인 자녀들보다 음주문제, 법적인 문제행동, 학교문제, 정서적인 행동, 낮은 자신감, 게임/스마트폰/컴퓨터 몰입 그리고 반사회적이고 공격적인 행동의 문제를 더 많이 경험하는 것으로 알려져 있다. 이들은 술 마시는 아버지 또는 어머니의 계속적인 요구와 예측할 수 없는 행동, 지켜지지 않는 약속을 경험함으로써 자신의 감정을 솔직하게 표현하거나 다른 사람을 완전히 신뢰하기가 어렵게 된다. 자녀들은 경험이나 사고 구조의 일관성이 없으며 폭력과 강간 피해의 가능성이 높고 자녀들의 기본적인 욕구를 충족시켜 주지 못하는 매우 혼돈된 상황 속에서 빈번한 부모와 자식의 역할 혼동을 경험하며 자라게 된다. 이러한 알코올 중독자 가정의 비조직성은 자신의 자아정체감과 성정체감에 대한 올바른 시각을 발달시키기 어렵게 만든다.

AcoA들은 가끔씩 부모의 음주가 자기의 잘못 때문이라고 믿기 때문에 괴로워하기도 한다. 그들은 무엇이 문제인지도 모르면서 친구들을 집에 데리고 오지 못하며 부모가 이혼할 것을 걱정하고 아버지에게 맞을 것을 두려워한다. 그들은 가족에 대한 소속감 때문에 외부에 도움을 바라지도 요구하지도 못한다. 문제를 더 이상 확대시키지 않고 더 이상 고통을 당하기 싫어서 마음속으로 끓어오르는 두려움, 분노, 죄의식, 외로움들을 혼자서 삭혀야만 한다.

알코올 중독자는 관계들을 맺지 않으며 인질들을 잡고 있는 특징을 가지고 있다. 그들은 자녀들의 목숨을 볼모로 잡고 있다. 알코올 중독자 가정의 특징인 속박시키는 충성심 때문에 많은 자녀들은 자기들이 알코올 중독자 가족체계로부터 감정적으로 분리시킬 수 없는 자들임을 깨닫게 된다. 분리하려고 하는 갈등은 그들이 스스로 도움을 청하는 것을 방해한다. AcoA들은 스스로 도움을 청하며 부인하는 습관에서 해방되기 위해서 노력할 때 그들은 부모와 가족들을 배반하였다는 느낌을 가지며 동시에 부모와 가족들로부터 버림을 받았다는 양가감정을 느끼게 된다. 이들은 추적자로 남아 중독자의 부모를 돌보

던가 아니면 도망자가 되어 도피성 결혼, 독립세대, 선교단체로 떠나 보지만 양가감정으로 인해 괴로워하며 동반의존의 특징인 '고향회귀 증후군'으로 인해 다시 집으로 되돌아온다.

AcoA들은 출생순위에 따라 자의반 타의반 자신의 '거짓자아'를 개발한다. 가장 나이든 자녀의 기능은 가족에게 가치감을 제공하는 착한 과잉성취자로 흔히 가족의 '영웅'이다. 내적으로 영웅은 가족의 고통에 책임감, 부적절감 및 분노를 느낀다. 흔히 가장 나이 많은 자녀는 책임 있는 부모의 기능(부모의 역할)을 떠맡아야 하며 알코올 중독자가 아닌 부모와 깊은 연관(대리 배우자)을 맺는다.

둘째나 중간에 위치한 자녀는 갈등을 다른 곳으로 돌리기 위해 말썽꾸러기 역할을 하는 '문제아'(속죄양, 희생양)의 기능을 담당한다. '문제아'는 위축되고 파괴적이며 무책임한 방식으로 화, 외로움 및 거부당하고 있다는 느낌을 폭발시킨다.

'없는 듯한 자식'은 문제를 더 만들어내지 않으므로 쉽게 가족의 다른 기능을 맡게 되어, 정서적 및 신체적으로 위축되는 기능을 수행하는데, 보통 세 번째 자녀가 이 역할을 담당하여 거의 관심이나 양육을 받지 못하고 냉담하고 독립적으로 보인다. 내적으로는 상처받고 외로움 및 부적절감을 갖는다.

가장 어린 자녀는 흔히 고통에 찬 가족체계에 웃음과 유머를 제공하는 역할을 하는 가족의 '마스코트'이다. 이 자녀는 미성숙하고 불안전감, 혼란 및 외적인 광대 짓 속에서 외로움을 경험한다.

4. 동반의존의 짧은 역사

동반의존이라는 용어는 1970년대 후반 치료 현장에서 사용되기 시작한 것으로 보인다. 그러나 누가 이 용어를 처음 사용했는지는 알 수가 없다. 공인된 정신장애 전문가CCDP이자 심리치료사로 활동하면서 동반의존 분야의 지도적 인물이라고 할 수 있는 산드라 스몰리Sandra Smally의 연구소에 따르면, 동반의존이라는 용어는 미국의 미네소타의 여러 치료센터에서 동시에 사용되기 시작했다고 한다. 알코올/약물 치료와 강박장애인을 위한 12단계 프로그램(AA에서 실시하고 있는 회복프로그램으로 현재는 다양한 중독프로그램들에서 활용되고 있다)의 중심부라고 할 수 있는 미네소타에서 동반의존이라는 신조어를 만들었을 것으로 본다.

전문가들은 약물의존자와 밀접한 관계에 있는 사람들에게서 나타나는 독특한 특성에 주목했다. 어떤 연구들은 알코올 중독자와 가까운 관계에 있는 많은 정상적인 사람들, 다시 말하면 알코올 중독자나 약물의존자가 아닌 사람들이 알코올 중독자와 비슷한 신체적·정신적·감정적·영적 상태를 보이고 있는 것에 초점을 맞췄다. 그 과정에서 동반의존자와 동의어처럼 사용되는 용어들인 '동반알코올 중독자co-alcoholic', '비알코올 중독자non-alcoholic', '유사알코올 중독자para-alcoholic'와 같은 전문적 특수 용어들이 이러한 현상을 설명하기 위해 사용되었다.

동반의존자들은 이 용어가 생기기 전에도 동반의존의 영향을 확실하게 경험해왔다. AA가 이미 존재하던 1940년대에 대다수가 알코올 중독자의 아내였던 소집단의 사람들은 배우자의 알코올 중독 문제가 자신에게 어떤 식으로 영향을 끼치는지를 다루기 위해 최초로 자조그룹Self-Help Group과 지원그룹Support Group을 만들었다. 그 당시 그들은 훗날 자신들이 동반의존자로 불리게 될지 몰랐을 것이다. 그들은 자신이 남편의 알코올 중독에 직접적으로 영향을 받았다는 사실을 분명하게 깨달았다.

그래서 그들은 AA의 12단계12 Steps 회복 프로그램을 부러워하며 자신들을 위한 프로그램을 가지고 싶어 했다. 그래서 그들은 AA의 12단계와 12단계 전통들AA Twelve Traditions을 수정해 적용했다. 그 프로그램의 이름을 후에 알아넌Al-Anon(익명의 알코올 중독자의 가족 자조모임)으로 고쳐 불렀는데, 그 모임은 효과적이었다. 이후 수많은 사람들이 Al-Anon에 참여해 유익한 도움을 받고 있다. 그리고 동반의존이라는 용어가 등장했던 1979년 무렵에는 동반알코올 중독자나 유사알코올 중독자로 불리던 동반의존자들을 알코올 중독자와 헌신적인 관계를 맺고 살아온 결과로 자신의 삶을 관리할 수 없는 지경에 이른 사람이라고 생각했다.

5. 동반의존의 개념

동반의존은 문자 그대로 '…와 함께 의존한다'라는 의미이다. '알코올 중독자 가족 자조모임Al-Anon'과 '알코올 중독자 십대가족 자조모임Al-Ateen'은 AA의 전문가들이 동반의존이 '가족의 질병임'을 발견하면서 생겨난 모임이다. 그와 동시에 동반의존으로 인하여 '알코올 중독자 가정의 성인아이AcoA: Adult children of Alcoholics'가 생겨나는 배후에는 Don't Trust(믿지 말라), Don't Speak(말하지 말라), Don't Feel(느끼지 말라)의 세 가지 무언의 규칙이 가정을 지배하고 있다는 사실이 밝혀졌다. 이러한 유형은 알코올 중독자 가정에서만 나타나는 현상이 아니라는 사실이 드러났다. 똑같은 현상이 일반적인 중독자가 있는 경우에도 나타났던 것이다. 왜냐하면 중독자가 있는 가정은 다음과 같은 특징을 지니고 있기 때문이다.

첫째, 중독자의 가정은 정서적으로 문제가 있는 가족에게 관심이 집중되어 있다. 정서적으로 결핍된 사람은 대개 중독적/강박적 성격의 소유자이다. 이 사람의 중독성/강박성은 가족들에 알려져 있을 수도 있고 비밀일 수도 있다. 그 행위가 은밀하게 이루어질 때 어린이들은 점차로 무엇인가 잘못되었다는 것을 인식한다. 무의식적으로 알지만 정확히 무엇이 잘못되었는지를 꼭 집어 말할 수는 없다. 강박적 성격은 많은 표현 양식을 가지고 있다. 예를 들면, 알코올 중독, 약물 중독, 습관적 분노폭발, 일중독, 섹스 중독, 무절제한 식습관, 소비/도박 중독, 게임, 스마트폰, 컴퓨터 중독, 종교 중독 등이다.

둘째, 중독자의 가정은 감정표현을 제한한다. 정서적으로 불안한 한 사람에게 과도하게 집중되어 있는 가정은 다른 가족들이 감정을 표현할 수 있는 여유를 주지 않는다.

셋째, 중독자의 가정은 명백한 문제가 있음에도 불구하고 공개적인 대화를 피한다.

넷째, 중독자의 가정은 가정 내의 어린이들에게 파괴적인 역할을 하게 한다.

다섯째, 중독자의 가정은 어린의 성장발달에 필요한 적절한 양육을 제공하지 못한다. 중독자 가정의 아이들은 너무 일찍 일을 하도록 강요당한다. 그들의 일은 해결되지 않은 어린 시절의 문제를 가지고 있는 정서가 불안한 성인들을 돕는 것이다. 자신의 필요를 채우는 것보다 부모의 필요에 따라서 행동한다.

여섯째, 중독자의 가정은 외부세계와 단절되어 있다. 중독자의 가정은 종종 비밀이 있다. 그것은 어머니의 도박 중독일 수도 있고 교회에서는 지도자이면서 화를 자주 내고 언어폭력이나 손찌검을 하는 아버지일 수도 있다. 다른 사람들은 그 가정에 접근할 수 없다. 또한 그 가정에 초대된 사람들도 비밀을 감추기 위한 연극행위를 볼 뿐이다.

6. 동반의존: 가족의 질병

동반의존은 최근에 그 자체가 별도의 장애라는 사실이 밝혀지고 있다. 동반의존성은 모든 중독의 배후에 깔려 있다. 그러나 때때로 동반의존성은 사람들에 대한 중독 그 자체가 되기도 한다. 그것은 '가족의 질병'이라고 불리기도 한다. 많은 가족들이 그 정도가 어떻든 간에 역기능이므로 어느 정도는 동반의존적이라 할 수 있다. 동반의존을 통해 야기되는 불행, 절망, 황폐함은 이루 말할 수 없을 정도이다. 남성과 여성 모두에게 영향을 미치지만 여성들이 더욱 영향을 받기 쉽다. 왜냐하면 알코올 중독이나 약물 중독, 소비/도박 중독, 습관적 분노의 폭발, 일 중독, 섹스 중독 등에 걸리는 가족에게 피해를 주는 자는 여자보다 남자이기 때문이다.

많은 다른 전문가나 연구가들이 이러한 장애를 묘사하기 위해 여러 다른 명칭을 붙였다. 가족체계 family system 이론에서는 동반의존을 가족 간의 융합 fusion (결합)과 밀착 enmeshment, 가족 간의 자아 분화의 결핍

lack of self-differentiation, 가족 간의 정서적 의존성emotional dependency, 배우자 중독spouse addiction, 가족 간의 미분화된 관계undifferentiated relationship, 관계 중독relational addiction, 공포/진정 인격panic/appeasement personality, 사람 중독people addiction, 사람 만족자와 통제자people-pleasure and controller, 사랑 중독love addiction 등의 표현이 사용되고 있다. 정신과의사들은 '의존성 인격장애dependent personality disorder'라고 부른다.

동반의존은 가족과 분리시켜 생각할 수 없을 만큼 역기능가족과 밀접하다. 가족은 서로 유기적으로 상호작용하기 때문에 가족의 문제 행동이나 병리현상은 어느 개인의 문제로 한정되지 않고 가족 전체로 순환되는 것을 이해하고 대처하는 것이 중요하다. 남편이 술 마시고 늦게 귀가한다. 아내가 잔소리한다. 어느 편이 먼저일까? 남편은 잔소리가 먼저라고, 아내는 술 마시고 늦은 귀가가 먼저라고 직선적 개념으로 말한다. 가족체계 이론에서는 남녀 서로가 원인이며 결과라고 말한다. 즉, 직선적 개념이 아니고 순환적 개념으로 이해한다. 피차가 원인이면서 결과이다.

동반의존자의 주변 사람(중독자와 가족들)이 병들기 시작할 때 동반의존자들은 더욱더 집중적으로 반응하기 시작한다. 이러한 반응으로 동반의존자들은 고립, 우울, 정서적·신체적 질병 또는 자살 충동을 갖기도 한다. 동반의존은 동반의존의 상태에 있는 사람들을 병들게 할 수도 있으며 이것은 자기 주변의 사람들(중독자와 가족들)이 병든 상태에 머무는 것을 조장한다고 규정할 수도 있다.

동반의존을 질병으로 부르는 이유는 동반의존의 행동들이 습관적이고 행동과 습관들이 자기 파괴적인 측면을 갖고 있기 때문이다. 동반의존을 질병으로 보는 팀맨 서멕Timmen L. Cermack은 동반의존이 오랫동안 지속하는 독특한 인격 특성을 가지며 가족 구성원들이 중독자로 인하여 함께 곤란에 빠지게 만드는 경향이 강한 인격장애로 정의할 수 있다고 말하였다. 그는 '동반의존 인격장애 Codependent Personality Disorder'의 진단기준을 다음과 같이 제시한다.

첫째, 음주로 인한 심각한 문제에 직면하여 자신과 다른 사람들을 조정할 수 있는 능력에 대한 지나친 자신감을 유지한다.

둘째, 자신의 욕구를 무시하면서 다른 사람의 욕구를 충족시키는 데 대한 과도한 책임을 떠맡는다.

셋째, 친밀과 이별을 둘러싼 불안과 경계의 왜곡을 형성한다.

넷째, 인격 장애자, 약물 중독자, 다른 동반의존 혹은 충동조절장애 개인들과의 관계에 밀착된다.

다섯째, 다음 것들 중 3개 이상이 존재한다: 부정한 방어기제에 지나치게 의존함, 감정 표출의 장애(극적 폭발의 유무와 관계없이), 우울증, 지나친 경계심, 강박적인 행동, 불안, 약물 과용, 신체적 혹은 성적인 학대를 당함, 스트레스 관련된 신체질환, 최소한 2년 동안 외부의 도움을 구하지 않은 상태에서 중독자와 친밀한 관계를 유지하고 있다.

이러한 진단 기준에서 팀멘 서멕은 동반의존의 고유한 개념을 만들었으며 동반의존의 특징을 보다 뚜렷하고 엄격하게 만들었다. 또한 그는 동반의존을 중독자와의 상호의존에 발생하는 '개인의 주체성과 경계의 장애 Identity and Boundary disturbances'라는 점에서 파악하였다. 즉, 동반의존은 중독자의 실제적이거나 상상 속의 욕구를 충족시키려는 노력의 대가와 자기를 상실하는 경험을 한다. 자기의 욕구를 인식하고 자기의 욕구를 중독자의 욕구와 구별하는 능력이 결여되기 때문에 동반의존자는 중독자의 욕구를 자기의 욕구라고 잘못 생각한다. 따라서 이러한 공생적인 관계를 파괴하려는 위협(상담, 별거, 이혼, 입원치료 등)에 대해 동반의존자는 불안을 느끼며 이러한 관계 속에서 만들어진 잘못된 자기를 상실하지나 않을까 하는 두려움을 갖는다. 이러한 이유로 가족 구성원 중에 동반의존자는 중독자의 치료를 가장 완강하게 거부하거나 훼방을 놓는다.

7. 중독자의 방어기제

알코올 중독 가족에서 동반의존자는 다른 사람의 행동을 통제하는데 몰입하게 된다는 점에서 스스로에게 그 영향이 돌아가게 하는 사람이다. 동반의존자는 부정, 합리화 및 중독 행동이 개선될 것이라는 희망이 주를 이루는 초기단계를 경험한다. 동반의존자는 책임을 느끼며 보호해주고 싶은 충동 때문에 부지불식간에 중독자가 중독을 계속하도록 조장하면서 중독자에 대한 책임을 떠맡는 노력을 기울인다. 중간단계에서는 중독자에 대한 적의, 혐오, 동정을 나타내기도 하고 보호하기도 한다. 단계가 더욱 진행되면 적의, 위축 및 의심이 일반적으로 나타나게 된다. 최종단계에서는 중독자에 대한 책임감과 통제 욕구가 동시에 존재한다.

팀멘 서맥은 동반의존을 독특한 특징을 지닌 하나의 인격 장애로 간주해야 한다고 주장하면서 Al-Anon 같은 자조모임이 회복을 촉진하는 데 필요하다고 강조한다. 가족 자조모임 참여는 AcoA들에게 특히 유익하다고 알려지고 있는데, 그들 중 많은 사람들이 자신에게 있어서 긍정적인 변화와 문제의 개선을 보고하였다.

중독자의 가족들은 중독자 때문에 야기된 혼란스럽고 붕괴된 환경에서 생활을 한다. 알코올을 남몰래 숨겨 마시려는 충동은 알코올 중독자의 성격 변화를 일으켜 가족 전체를 괴롭히는 혼동을 조장하게 된다. 그래서 자신의 음주 양상을 기억하고 음주로 인한 문제를 경험하고 인식하는 것을 막아주는 보호막이 있는 세계를 만들어야 할 필요성이 알코올 중독자에게 생긴다. 알코올 중독자는 이러한 필요성에 부응하여 외부세계에 대한 자신의 관점을 왜곡시키고 이에 따라 성격은 부정적으로 변화된다. 중독자에게 이러한 부정은 자신의 방어기제의 가장 핵심이다. 가족 구성원들이 가장 받아들이기 힘든 부분은 음주 양상을 모호하게 만들기 위해 만들어진 자신은 애주가이지 중독자가 아니라는 '부정denial'의 사용이다. 이러한 부정은 정신병적인 정도로까지 발전할 수 있으며 이러한 부정에 직면한 가족은 좌절감을 느끼고 고통을 받으며 최악의 경우에는 그들 자신의 기억과 지각에 의문을 갖게 된다.

부정과 더불어 동반의존자를 괴롭히는 문제는 알코올 중독자가 자신의 정신적인 문제를 외부의 탓으로 돌리는 방어기제인 '투사projection'를 자주 사용한다는 사실이다. 알코올 중독자는 "당신이 좀 더 아내의 역할을 잘 한다면 나는 술을 마시지 않을 것이다"고 하면서 음주에 대한 책임을 종종 배우자에게 전가하며 "나는 스트레스 때문에 술을 마신다"면서 자기의 음주를 정당화한다. 동반의존자는 중독증의 진행 과정의 본질을 모르기 때문에 비난과 합리화를 받아들이며 "가정에 문제가 있기 때문에 남자가 술을 마신다"는 전통적인 사회적 관념을 받아들인다. 종종 알코올 중독자는 이러한 잘못된 믿음을 악용하여 '투사'와 '합리화rationalization'를 동일하게 사용한다. 이 결과로 가족들은 중독증에 대해서 책임감을 느끼게 되고 죄책감 때문에 나타나는 '조종과 통제~control~' 행동은 회복을 더욱 어렵게 만든다. 이렇게 되어 알코올 중독자가 외부로 투사하는 행동이 가족의 죄책감과 책임감을 강화시키고 이로 인하여 가족 구성원들은 중독증이 잘 진행되는 환경을 조성하고 유지하는 동반의존적 상태로 나아가게 된다.

8. 전문가들이 말하는 동반의존

동반중독 증상은 종종 심각한 정신의학적인 장애를 야기한다. 동반의존자에게 전형적으로 발생하는 정신질환의 종류를 알아내려는 코코레스~J. A Cocores~는 50명의 알코올 중독자의 배우자와 50명의 부모를 면접하였다. 면접한 모든 사람은 최소한 '적응장애~adjustment disorder~'로 진단될 수 있었으며, 많은 사람들은 '우울 신경증'(부모: 32%, 배우자: 68%), '불안장애'(부모: 10%, 배우자: 12%)로 진단되었다. 다른 연구에서 코코레스 등은 알코올 중독자의 배우자가 심각한 '성기능 장애'가 있음을 보고하였다. 이러한 두 연구에서 동반의존자의 불안, 우울 및 다른 정신의학적인 증상이 중독증 발병 이후에 생긴 이차적인 정신장애임을 알 수 있다.

알코올 중독자 부부는 흔히 서로 비난하며 책임을 전가하는 관계를 갖는다. 즉, 아내는 알코올 중독자가 가정생활을 파괴한다고 비난하며 알코올 중독자는 아내가 만들어내는 가정 문제에 적응하기 위하여 술을 마시지 않을 수 없었다고 합리화시킨다. 이러한 상호 비난의 상황에서 부부관계는 예측할 수 없는 기복을 보이는데 결국 알코올 중독자는 단주와 폭주를 반복하게 되고 아내는 이러한 어려운 상황을 도피하고 싶은 마음과 동시에 병든 환자를 도와야 한다는 감정을 모두 가지게 된다.

동반의존은 알코올 중독이 존재하거나 않거나 간에 위 세대에서 다음세대로 전해지는 정서적인 상처와 스트레스 행동들이 경험되는 역기능가족 내에서 살아남기 위하여 가족 구성원들로부터 학습된 일련의 비적응적이고 강박적인 행동들이라고 말한다. 로빈 노르우드 Robin Norwood는 동반의존을 알코올 중독이란 질병을 가진 사람과 밀접한 관계를 유지해온 결과 다른 사람들과 관계를 맺는 형태가 불완전하게 발전되어 온 '정신 내적 증상'으로 정의하면서 이런 증상을 가진 특징으로는 낮은 자존감, 인정받고 싶은 욕구, 타인을 변화시키고 조절하고 싶은 강렬한 충동, 기꺼이 고통을 감수하는 것 등이 있다고 말한다. 동반의존의 개념의 개발과 치료에 큰 공헌을 한 웩사이드 크루스 Sharon Wegsheider-Cruse는 동반의존을 정서적, 사회적 그리고 신체적으로 어떤 사람이나 대상에 대해 지나치게 의존하고 몰입하는 것을 특징으로 하는 어떤 특수한 상태라고 정의한다. 그리고 다른 사람에 대한 이러한 의존은 다른 모든 관계에서 동반의존자에게 영향을 미치는 병리적 상태가 된다. 동반의존 상태는 망상과 불안, 강박적, 충동, 차가운 감정, 낮은 자존감 그리고 스트레스 관련 신체질병 등에 의해 특징지어진다고 말하고 있다. 동반의존과 AcoA 치료의 전문가인 로버트 서비 Robert Suby는 동반의존이 '가정 내에서의 역기능적인 가혹한 규칙'과 개인이 실제 생활에 장시간 노출됨으로써 생기는 감정적, 심리적, 행동적인 상태라고 규정하였다. 그는 또한 역기능적 가족 규칙과 생활의 결과로 개인 내적인 영성 사이에 비정상적 상태를 초래하고 그것은 개인

내적 체계의 정신과 정서적 기능을 손상시켜 결국 신체적 질병까지도 야기한다고 말하였다. 멜로디 비에 Melody Beattie 는 『공동의존자 더 이상은 없다』에서 알아넌과 중독자가 말하는 동반의존을 아래와 같이 설명하고 있다.

9. 알아넌 Al-Anon 들이 말하는 동반의존

- "동반의존이란 스스로를 돌보는 사람이라고 생각하는 것을 말하죠."
- "동반의존자가 된다는 것은 내가 알코올 중독자와 결혼했다는 것을 말합니다. 또한 내가 알아넌에 가야 한다는 것을 뜻하기도 해요."
- "동반의존이란 내가 알코올 중독자에게 지나치게 빠져 있다는 것을 뜻하죠."
- "동반의존은 내가 항상 착 달라붙어 있어야 하는 누군가를 찾고 있는 상황이라고 할 수 있죠."
- "동반의존요? 그것은 내가 매력을 느껴 사랑에 빠지거나 결혼한 사람이 약물의존자이거나 그와 비슷한 종류의 심각한 문제에 처한 사람이라는 것을 의미하지요."
- "동반의존이란 당신의 모든 인관관계들이 항상 같은 식으로 계속 고통스럽게 진행된다는 사실, 혹은 그랬던 것처럼 비참하게 마무리될 거라는 사실을 말하는 것이죠. 아니 그 두 가지 사실을 모두 드러내요."

10. 중독자가 말하는 동반의존

　동반의존자들은 피하기 어려운 성가신 존재다. 그들은 적개심을 품고 조작하고 통제하려 하며 정직하지 못해 우회적으로 표현하고 죄책감을 만들어내고 의사소통에 어려움을 겪는다. 또한 그들은 대체로 까다로운 성격의 소유자들이며 때때로 노골적으로 증오감을 표현하고 중독을 실행하려고 하는 내 충동을 여지없이 방해하는 걸림돌이다. 그들은 나에게 고함을 치고 내 약들(알코올/약물, 기타 중독에 사용되는 모든 것들)을 숨기고 불쾌한 표정을 지으며 내가 사용하는 술이나 담배, 약물, 비디오 등을 쓰레기통에 버리기까지 한다. 그들은 나의 중독이 더 이상 발전하지 못하도록 애쓰면서 내가 왜 그렇게 행동했는지를 알기 원했고 나에게 무슨 문제가 있는지를 묻는다. 그들은 항상 그 자리에 있었고 내가 자초한 재앙으로부터 나를 구해주려고 한다. 하지만 내 삶에 깊이 개입되어 있던 동반의존자들은 나를 이해하지 못한다. 그리고 그러한 오해는 상호적이다. 나 자신을 이해하지 못하는 나 또한 그들을 이해하지 못했다.
　동반의존자들은 중독자의 행동과 문제점, 중독자가 무엇을 생각하고 느끼고 말하는지 그리고 무엇을 생각하지 않고 느끼지 않고 말하지 않는지를 정확하고 세밀하게 파악하여 그 장황한 목록들을 읊어댈 수 있는 능력을 가진 사람들이다. 동반의존자들은 중독자가 무엇을 해야만 하고, 무엇을 하지 말아야 하는지를 알고 있었고, 왜, 그들이 그런 행동을 하는지 또는 하지 않는지를 폭넓게 알고자 한다. 하지만 정작 그들에게는 자기 자신을 볼 수 있는 눈은 없다. 동반의존자들은 자기 자신이 무엇을 느끼고 있는지를 알지 못했고 자신의 생각에 확신을 갖지 못한다. 그들은 자신에게 문제가 발생하면 그것을 해결하기 위해 자신이 무엇을 해야 하는지 알지 못한다. 실제로 그들은 중독자와는 다른 차원의 문제를 가지고 있다.

11. 민감하게 반응하는 동반의존자들

동반의존은 알코올 가족뿐 아니라 중독자가 있는 역기능가족의 환경에서 갈등하면서 살아온 모든 배우자와 자녀들에게서 발견되는 '가족의 질병'이며 '세대적으로 전수'되는 특징을 가지고 있다. 보편적으로 동반의존자들은 자신의 가치를 다른 사람들의 필요를 충족시켜 주는 능력과 관련시킨다. 그들은 아래와 같이 민감하게 반응한다.

- 이미 일어났고, 일어날 것 같은, 일어나고 있는 일들에 대해 불안해하고 두려워하기 때문에 반응한다.
- 위기에 즉각적으로 반응하는 것이 습관화되어버렸기 때문에 모든 상황을 위기처럼 느끼고 반응한다.
- 어떤 일이 본래 일어나는 방식으로 일어나서는 안 된다고 생각하기 때문에 우리는 반응한다.
- 자신에 대해 좋은 감정을 갖고 있지 않기 때문에 우리는 반응한다.
- 대부분의 사람들이 반응하기 때문에 우리도 반응한다.
- 반응해야 한다고 스스로 생각하기 때문에 반응한다.

12. 동반의존 유형

첫째, 순교자: 이들은 알코올 중독자의 음주가 자신들의 잘못 때문이라고 믿으며 일반적으로 잘못된 자신감을 갖는다. 이들은 불편함과 실망, 심지어는 자신의 아픔까지도 참아가면서 희생과 헌신을 통해 문제를 해결해하려고 한다. 기독교인들에게 이러한 유형이 많다.

둘째, 박해자: 이것은 순교자의 반대 유형이다. 이들은 자신의 행동이 통제력을 잃고 있을 때에도, 자기보다는 다른 사람(중독자)들의 잘못을 탓하는 데 주력한다. 자기의 불행을 직접 처리하기보다는 이것을 외면하고 극대화하면서 이러한 불행에 대해서 다른 사람들의 행동을 비난한다.

셋째, 공모자: 이들은 알코올 중독자가 단주를 유지하려고 노력하는 것을 계속적으로 방해한다. 동반의존자들은 음주가 계속되고 있는 알코올 중독 가족 내에 형성된 주체성(항상성)에 강하게 애착을 갖고 있기 때문에 단주를 통한 가족 구조(평형성)의 변화에 불안을 느낀다. 따라서 변화보다는 공모자나 협조자가 된다. 앞의 사례, 남편의 음주 운전 사고를 대신 책임져준 아내가 이러한 공모자이다.

넷째, 술친구: 이 유형의 동반의존자들은 알코올 중독자가 될 위험성을 많이 가지고 있다. 그들의 생활 스타일과 신념 체계는 알코올 중독자와 매우 유사하기 때문에 중독으로 쉽게 나아갈 수 있다. 많은 동반의존자들이 알코올 중독자와 좋은 관계를 유지할 수 있는 가장 좋은 방법이 바로 음주에 참여하는 것이라고 착각한다.

다섯째, 냉담한 동반의존자: 일부의 동반의존자들은 알코올 중독자를 돕는 것 자체를 포기해버리고 용기를 완전히 잃어서 감정적인 무감각 상태가 된다. 이런 경우 냉담함이 어떤 평화나 고요함을 가져다 줄 수는 있으나 인생에서 희망이나 의미를 부여하지 못하는데, 특히 가정에서 자녀들이 있을 때는 더욱 괴로움을 주게 된다.

중독자의 배우자들은 자신의 가정에 대해 다른 사람에게 말하는 것이 너무나 수치스럽고 두려워 점점 소외되어가기 시작한다. 중독자의 행동이 어떻게 변할지 예측할 수 없다. 어떤 때는 부부 모임에서 중독자인 배우자가 매력적이고 신사적으로 친구들과 어울리지만, 점차적으로 친구들을 당황하게 만들고 감상적으로 변하거나 공격적인 태도를 보이며 모욕적인 언행을 사용하기 때문에 친구들과 함께 자리할 때는 항상 불안하다. 따라서 점차 사람들로부터 스스로 소외되어가고 수치심 때문에 아무에게도 하소연할 수가 없게 된다. 동반의존자인 배우자는 스스로에게 자신이 중독자를 제대로 내조를 못하고 그의 직장에도 방해가 된다고 책망한다. 그리고 이렇게 생각할수록 자신의 무능력(무기력)함을 느끼면서 사람들로부터 멀어져간다.

이 정도의 단계에 이르면 가족들과 특히 중독자의 배우자는 중독자를 고칠 수 있는 방법을 필사적으로 찾기 시작한다. 그들은 의사를 찾아가고, 친구, 병원, 심지어는 점을 치러 가기도 한다. 기독교인들의 경우, 기도가 모자라서 이렇게 되었다고 생각하며 종교중독으로 발전하는 분들이 많다. 많은 중독자의 배우자들 스스로 이 문제를 해결해보려고 노력하고 또 수년 동안 중독자에게 전문기관의 도움을 받으라고 설득한다. 그러나 이들은 계속 술을 마시면서 자기는 중독자가 아니라고 부정한다. 중독자의 배우자들은 중독자가 술을 마시지 못하게 다음과 같은 필사의 노력을 경주한다.

첫째, 중독자에게 다시는 술을 마시지 않겠다는 약속을 강요한다.

둘째, 술병을 던져버리고 감추며 돈을 주지 않는다.

셋째, 울고, 사정하고, 이혼과 자살로 협박하고, 설득하고, 달래고, 잔소리한다.

넷째, 의사, 목사, 신부, 중독자의 친구를 찾아가 중독자에게 심각하게 말해 달라고 부탁한다. 그러나 중독자는 술을 계속 마신다.

점점 더 심각해져가는 상황에 가족들과 배우자는 하루에도 수십 번 해결 방법을 생각해 보고 조언을 듣고 계획도 세워본다. 이런 노력 때문에 중독자는 며칠 동안 또는 몇 주 동안 술을 끊을 수도 있다. 그리하여 중독자들은 자신이 술을 끊을 수 있기 때문에 중독환자가 아니라고 말하며 가족과 배우자들도 이것을 믿고 착각하게 된다. 종국에는 중독자가 가정 안에 있건 가정 밖에 있건, 배우자들의 관심의 초점은 중독자의 그늘에서 벗어나지 못한다. 배우자는 중독자에게 동반의존 되어 자신의 주체적인 삶을 누릴 수 없게 된다.

13. 회복의 길: 동반의존으로부터의 분리

1) 동반의존의 밧줄 자르기

분리는 중독자에게 단단히 매여져 있는 동반의존의 '밧줄'을 스스로 자르는 일에서부터 시작된다. 분리를 통해서만 동반의존자는 홀로서기를 할 수 있고, Al-Anon에서 강조하는 '초연'(냉정한 사랑)을 배울 수 있다. 유치원 다니는 두 딸의 어머니는 Al-Anon의 교육대로 남편의 분노와 음주폭력의 현장을 벗어나 3일 동안 집에 들어가지 않고 배회했다. 그러나 자신이 집을 중심으로 반경 1km를 벗어나지 못하고 있는 자신을 발견했다. 몸은 집 밖에 있었는데 자신의 마음은 염려, 근심, 걱정과 불안의 밧줄에 메여 온전한 분리를 실행하지 못하고 있었음을 Al-Anon의 모임을 통해서 알게 되었다.

멜로디 비에티는 분리를 다음과 같이 정리한다.

분리는 냉정함과 적개심을 가진 채 물러나 있는 것이 아니다. 중독자들이 우리 인생행로에 안겨 준 일들을 체념하며 실망하는 심정으로 받아들이는 것도 아니다. 주변 사람과 여러 문제에 대해 무관심하며 그것들로부터 어떤 영향도 받지 않는 로봇처럼 살아가는 것도 아니다. 세상 물정 모르고 그저 행복에 취해 있는 극단적 낙관주의도 아니다. 우리 자신과 중독자에 대한 진정한 책임감을 회피하는 것도 아니다. 우리의 사랑과 관심을 끊어 버리는 것이 때때로 우리가 잠시 동안 시도할 수 있는 최선의 분리라고 이해할 수 있겠지만 그렇다고 그것을 분리라고 할 수 없다.

이상적으로 말하자면, 분리란 사랑의 관계에 있는 사람이나 문제로부터 자유로워지거나 떨어져나가는 것을 뜻한다. 중독자의 삶과 그 사람이 져야 할 책임에 대해 자주 고통스러워하고 건강하지 않게 얽혀 있는 상황들로부터 그리고 우리가 해결할 수 없는 문제들로부터 정신적으로, 정서적으로 그리고 때때로 신체적으로 벗어난다는 의미이기도 하다.

2) 분리는 다음과 같은 전제들을 필요로 한다

첫째, 각 사람은 자기 자신에 대해 스스로 책임을 져야 한다.
둘째, 우리는 자신의 것이 아닌 문제들을 해결할 수 없다.
셋째, 걱정하는 것은 도움이 되지 않는다.

이제 우리는 중독자들이 져야 할 책임에 대해 간섭하지 않고 우리 자신의 일에 대해서만 관심을 쏟는다는 원칙을 정한다. 만약 중독자들이 파멸을 자초하는 일들을 행한다고 할지라도 우리는 그들이 자신의 현실을 책임질 수 있도록 내버려둔다. 그들이 그들 자신의 모습으로 살아갈 수 있도록 허용한다. 그들이 책임감을 갖고 성장할 수 있는 자유를 선사한다. 예를 들면, 술에 취해 똥을 싸고 오줌을 싸고, 집안 살림을 부수는 경우 그들이 저지른 만행의 자유를 허락하고, 대신 치워주지 말고 중독자 자신들이 치우는 자유를 또한 허용하며, 그들이 저지른 결과를 직면하고 책임지는 자유마저 허용한다.

3) 구원자, 박해자, 희생자의 역할에서 자유하자

'냉정한 사랑' 안에서 우리 자신에게도 똑같은 자유를 부여할 수 있다. 우리는 우리가 할 수 있는 최선의 능력으로 우리의 삶을 살아간다. 우리가 변화시킬 수 있는 것들과 우리가 변화시킬 수 없는 것들을 분별하기 위해 노력한다. 그런 다음 변화시킬 수 없는 일들을 변화시키기 위해 해왔던 노력을 중단한다. 즉, 동반의존자의 역기능적인 특징인 구원자, 박해자, 희생자의 역할을 내려놓아야 한다. 문제를 해결하기 위해 우리가 할 수 있는 것만을 한다. 초조해하거나 마음을 졸이지 않는다. 할 수 있는 일들을 했지만 문제가 해결될 수 없다고 느낀다면 그 문제와 더불어 살아가는 법을 배운다. 그리고 오늘 하루 우리의 삶에서 있었던 좋을 일에만 단호하게 집중하고 그것에 감사하며 행복하게 살아가려고 노력한다. 우리가 가지고 있는 것들을 최대한 잘 활용하면 그것들이 더 크고 풍성한 열매들로 바뀐다는 요술 같은 교훈을 배우게 된다.

분리는 '지금 이 순간의 삶', 즉 바로 지금, 우리가 서 있는 곳에서의 삶과 연계된다. 삶을 억지로 통제하기보다는 자연스럽게 흘러가도록 놔둔다. 과거에 대한 후회와 미래에 대한 두려움을 내려놓는다. 우리는 매일 매일을 최대한 활용하며 살아간다.

또한 분리는 있는 그대로 현실, 즉 사실을 받아들이는 것과 관련되어 있다. 분리는 우리 자신과 신, 다른 사람과 자연의 질서 그리고 세상에 존재하는 것들의 운명을 믿는 믿음을 요구한다. 우리가 직면하는 순간순간이 올바르다는 것을 믿는다. 문제가 해결되지 않았지만 무거운 짐과 걱정을 모두 내려놓고 자신의 삶을 즐기는 자유를 스스로에게 부여한다. 분리를 실천하려는 의지는 갈등하는 상황 속에서도 모든 것이 잘 되어간다는 의미를 발견할 수 있다.

4) 분리의 훈련을 위해 12단계에 참여하자

분리를 통한 회복을 위해서는 중독과 가족치료 전문가를 찾아가 개인상담은 물론 부부상담, 가족상담을 가족이 회복될 때까지 받아야 한다. 그리고 더 좋은 방법은 12단계의 Al-Anon 모임에 참석하여 인간관계의 훈련에 참여해야 한다. 개인상담은 개인의 심리내적인 문제를 다룬다면, 부부상담은 부부관계를 다루고, 가족상담은 가족관계를 다룬다. 그리고 Al-Anon, AcoA 같은 12단계 지원그룹은 대인관계의 훈련을 경험하게 된다.

12단계의 지원그룹에 참여하면서 우리는 동반의존과 중독에 무력하며, 우리를 온전케 하실 수 있는 분이 하나님이라는 사실을 믿고, 그분께 삶을 맡기는 신앙의 훈련을 받게 된다. 우리들 자신의 도덕적이고 성품적 결함을 살펴보고, 하나님께 그러한 결함을 맡기고 내려놓는 훈련을 하게 된다. 문제를 해결하기 위해서 우리가 할 수 있는 것보다 더 많을 일들을 하나님께서 하실 수 있음을 깨닫는다. 그리고 자신과 하나님과 뜻을 같이 하는 그룹원들에게 자신의 삶을 고백하고 나누고 애통해하는 과정을 통해서 변화와 성장을 경험한다. 그동안 우리가 해를 끼친 사람들의 보상의 명단(지금, 나중, 아마, 결코 명단)을 만들고, 그들에게 보상의 편지(붙이기 위한 편지가 아니고 마음의 편지)를 써보고 그룹원들을 증인 삼아 돌아가며 읽어보고 느낌을 나누어 본다. 다음으로 보상을 실행에 옮겨, 편지를 상대에게 보내고, 때로는 피해자를 만나 보상한다. 때로는 묘지에도 찾아가 보상의 편지를 읽어본다.

보상의 대상은 나를 가해한 사람과 자기 자신도 포함한다. 보상은 나를 가해한 사람도 나와 같은 '동등한 피해자'라는 긍휼한 마음을 가질 때에만 가능해진다. 몇 차례의 보상을 통해 평화를 체험하게 되면, 드디어 주님의 명령인 용서와 화해의 은사를 사모하는 기도를 한다. 이러한 수고와 노력이 쌓여 때가 되면 우리는 아주 낯설고 때론 몹시 고통스러웠던 일들이 가장 좋은 결과를 낳고 있고 모든 사람에게 유익한 방향으로 진행되는 것을 보면서 모든 일이 잘 풀리고 있다는 것을 알게 된다.

14. 나가는 말

중독자 가정을 치료할 때 가장 어려운 점들은 다음과 같다. 첫째로 중독자와 그 가족들이 중독이 병이라는 사실을 부인하고 교육과 치료를 거부한다. 둘째로 중독자의 가족들인 배우자와 자녀들은 자신들이 동반의존자임을 모르고 있다. 셋째로 동반의존이 '가족의 질병'이며 세대를 이어서 자녀들에게 전수된다는 사실을 모르고 있다.

이러한 중독자와 동반의존자들의 치료는 중독자의 개인상담보다는 부부나 가족들을 동시에 상담할 때 치료의 효과가 크다. 배우자나 가족들이 가지고 있는 동반의존이라는 '가족의 질병'이 동시에 치료될 때 중독자의 회복이 그만큼 빠르다는 것이다. 그러나 부부나 가족을 동시에 치료한다는 것은 이론과 같이 그렇게 쉬운 일은 아니다. 가족을 동시에 치료에 개입시키기 위해서 먼저 일차적으로 교회에 가정사역을 도입하여 예방과 교육 프로그램을, 이차적으로 상담과 치유, 삼차적으로 재활 프로그램을 활성화하기 위하여 다음과 같은 사항을 준비해야 한다고 생각한다.

첫째로 교회는 중독자의 배우자와 가족들을 교육하여 그들이 동반의존이라는 심각한 '가족 질병'의 환자임을 깨닫게 해야 한다. 그러기 위해서 먼저 교역자들부터 중독상담과 가족상담, 집단상담의 임상훈련을 받아야 한다.

둘째로 환자들을 위임할 수 있는 사회 지지체계인 AA(단주 자조모임) Al-Anon(중독자 가족의 자조모임), NA~Narcotics Anonymous~(단약물 자조모임), GA~Gamblers Anonymous~(단도박 자조모임) SA~Sexaholics Anonymous~(단성중독 자조모임)와 상담 기관 및 신경 정신과 등과 위임체계를 구축하여 중독자들을 전문치료 기관에 의뢰할 수 있어야 한다.

셋째로 교회는 중독자들과 중독자 가족들을 위한 회복 사역~Recovery Ministry~의 다양한 소그룹 프로그램을 마련하여 목회의 현장에서 접목해야 할 것이다.

넷째로 교회 지도자들은 개인 상담, 동반의존자들의 집단 상담, 부부 상담, 가족상담, 부부 집단상담 프로그램 등을 개발하고 특히 가족체계론적 접근을 시도해보아야 한다.

다섯째로 회복 사역의 소그룹과 지원그룹 등을 도입하여 개교회의 실정에 맞게 수정 보완하여 교회에서 임상해보아야 한다.

여섯째로 교회 밖의 전문 가족치료 연구소나 상담기관과 연계하여 교회에서 실행하고 있는 가정 사역이나 회복 사역 프로그램에 대해 '전문 감독'(한국기독교상담심리학회, 목회상담협회의 수련감독/감독급)들에게 '지도감독~supervision~'을 받아야 한다.

일곱째로 회복 사역을 통해 중독자와 가족들에게 교회의 문을 개방하고 지역사회를 위해서 교육하고 상담해주는 구심점의 역할을 해야 한다. AA, NA, GA, SA, 동반의존자의 지원그룹을 활성화시킨다.

여덟째로 중독자 가정에 큰 영향을 끼치는 지역사회를 교육하고, 상담하고, 재활시키는 차원에까지 사역의 범위를 확장해야 한다.

교회는 중독이 있는 곳에 학대가 있고, 학대로 인해 상처받은 동반의존자들에게 초점을 맞추고 지금껏 해온 교육중심의 가정 사역학교나 상담학교를 벗어나, 치유와 회복, 재활의 '12단계 지원그룹support group'을 운영하는 '회복센터Recovery Center'를 마련해야 될 것이다.

도박 중독 상담 가이드
─ 목회자의 사역을 위한

안미옥
(마음나루심리상담연구소)

1. 들어가는 말

▶ 사례

참하고 말이 없는 김 집사. 그녀의 남편은 직장이 지방이라 교회에서 얼굴보기가 힘들었다. 아직 아이도 없고 남편도 대부분의 시간을 지방에서 보내기 때문에 김 집사는 교회 일에 열심이었다. 봉사가 필요한 곳에는 어김없이 나타나는 김 집사가 어느 날 목사님을 찾았다. 그리고 낮은 목소리로 입을 열었다. "남편이 다녀갔어요. 이번에는 이혼하려구요." 침묵이 흘렀다. 남편은 이미 결혼 전부터 도박에 빠져 있었다고 했다. 막내아들의 이 같은 탈선을 어머니는 돌아가시는 순간까지도 품고 오셨다고 한다. 순하고 성실하게만 보였던 김 집사 남편이 도박을 했다는 사실 그리고 도박 때문에 이혼을 할지도 모른다는 사실이 영 믿어지지가 않았다. 이미 시댁에서 도박 빚을 갚아주고 새 출발하기를 권한 것이 수차례. 이제 어머니마저 돌아가셔서 더 이상 뒤를 봐줄 사람도 없었다. 남편은 이번에만 해결해주면 마음 잡고 살겠다고 한다. 아주 오랜만의 연락이라고 했다. 직장이 지방에 있다는 것은 그저 주위에 알리고 싶지 않아서 만든 말일 뿐 변변한 직장을 갖지 못한 채 '대박' 한 번 터져 주기를 고대하며 살아오고 있었단다. 교회는 김 집사의 이혼을 어떻게 받아들여야 할까? 이혼에 앞서 교회가 할 수 있는 일은 어떤 것이 있을까?

2012년도 불법도박자들에 대한 실태 조사에서 합법 도박자 24%, 불법 도박자 22.2%가 자신의 종교를 개신교라고 답한 바 있다. 한국의 도박 유병률은 9.5%로 OECD 국가 중 최고를 기록하고 있다. 이 수치는 2016년에 발표된 제3차 불법도박 실태 조사에서도 크게 변화되지 않았다. 합법 도박자의 21.1%, 불법 도박자의 15.7% 가 자신의 종교를 개신교라고 밝히고 있다.* 그렇다면 100명 중 10명이 도박 중독자요 그중 2명은 기독교인 도박 중독자라는 계산이 나온다. 99마리의 양을 놓아두고서라도 1마리의 양을 찾아 떠나는 목자의 심정을 알고 있는 교회라면 도박 중독자의 방황과 가족들의 고통을 외면할 수 없을 것이다. 이에 필자는 도박 중독의 이해와 돌봄을 집필한 바 있는데 제한된 지면 관계로 여기서는 도박 중독자의 간단한 진단법과

---

* 충북대학교 산학협력단, 「제3차 불법도박 실태조사」(사행산업통합감독위원회/한국도박문제관리센터 발행, 2016년 5월), 62.

중독자 가족 돕기 그리고 중독자와 함께 할 수 있는 12주 성경공부를 간단히 발췌하여 소개하고자 한다.

2. 도박 중독 진단하기

　도박 중독을 진단하는 검사지는 여러 가지가 있다. 하지만 우선 간단하게 삶의 균형력과 복원력을 확인하는 질문을 해 볼 수 있다. 삶의 균형력 점검이란 도박으로 인해 삶의 균형이 무너지고 있지는 않은 지 확인하는 것이다. 도박으로 직장생활에 지장을 가져오거나 가족과의 갈등이 야기된다면 적신호이다. 이러한 상황의 평가는 도박자의 보고가 아니라 가족이나 동료 등 주변인의 보고에 기초해 이뤄져야 한다. 삶의 균형유지 여부를 물어보는 질문은 다음과 같이 할 수 있다.[*]

- 도박에 쓰는 돈이 지나치게 많아서, 생활필수품이나 의료비, 교통비, 다른 여가활동에 쓸 돈이 부족하지는 않는가?
- 도박에 쓰는 시간이 지나치게 많아 가족과 함께 하는 시간, 일할 시간, 여가활동 시간이 부족하지는 않는가?
- 도박 생각을 하느라 일이나 학업, 대화에 집중하지 못하는가?
- 도박할 기회만 보이면 참지 못하며 일단 시작하면 멈추지 못하는가?

　두 번째 복원력이란 도박을 하다가도 바로 평상시 하던 일로 복귀

---

[*] 안미옥, 『도박중독의 이해와 돌봄』 (서울: 총신대학교 출판부, 2014), 124.

할 수 있는 능력이다. 도박에서 일상으로 돌아오지 못한다거나 억지로 돌아오는 과정에서 감정조절을 못 하고 짜증을 내거나 화를 낸다면 복원력에 문제가 있는 것이다. 도박을 하다가 평상시 생활로 돌아올 수 있는 복원력은 다음의 질문을 통해 확인할 수 있다.

- 마침 운이 좋아서 큰돈을 따고 있을 때 도박장을 나올 수 있는가?
- 마음먹은 것보다 손실이 커졌을 때 정한 시간이 되었다고 도박장을 나올 수 있는가?*

여기서 더 나아가 돈에 대해 느낌과 생각을 정리해보는 것은 구체적으로 도박 중독에 관한 이야기로 연결될 수 있고 스스로 자신의 문제를 숙고할 기회도 된다. 다음의 문장들을 완성하면서 중독자가 돈에 대한 생각과 느낌을 정리해보도록 도울 수 있다.**

- 돈은 나에게 _____와(과) 같다
- 부자가 된다는 것은 _____(이)다
- 부모님은 나에게 돈을 _____라고 가르치셨다
- 나에게 10억이 생긴다면 _____을(를) 하겠다
- 빈털터리가 된다는 것은 나에게 _____을(를) 의미한다

---

* 안미옥, 위의 책, 124.
** 이정임, 박은경, 안상일,『잃어버린 나를 찾는 희망 안내서: 도박 문제 회복을 위한 자기관리 매뉴얼』(서울: 사행산업통합감독위원회 중독예방치유센터, 2009), 73.

〈표 1〉 잃어버린 나를 찾는 희망안내서

구 분	도박에 빠지기 전	현재(도박에 빠진 후)
돈이 없어서 가장 힘들었던 때는 언제였나요?		
돈이 생기면 무엇을 하셨나요?		
돈을 벌기 위해 어떤 일을 하셨나요?		
누가, 어떻게 번 돈을 관리(소비, 저축)하셨나요?		
종합적으로 돈은 무엇을 의미하나요?		

도박 중독의 진단은 도박 중독 여부를 판단하기보다는 중독자로 하여금 스스로 중독에 빠졌다는 것을 받아들이게 하는 데 더 큰 의미가 있다. 도박 중독을 진단할 수 있는 문진표는 DSM-5, 도박 중독자가 진단지, 한국형 도박 행동 변별척도, K-SOGS, GA TEST, SOGS-RA등을 사용할 수 있다(부록 참조). 이러한 진단 과정은 도박 중독이 미친 심리사회적 변화, 가족관계의 변화, 대인관계의 변화, 재정적 변화 등을 일목요연하게 보고 느낄 수 있는 기회를 제공하며 치료 계획의 기틀을 마련하는 중요한 단계이다.

3. 도박 중독자 가족 돕기

도박 중독에 있어서 가족치료는 매우 중요하다. 중독자가 스스로 상담에 오기보다는 가족이 먼저 상담실을 찾는 경우가 많다. 또한 가족의 신속하고 적절한 대처가 중독자 회복에 중요할 뿐 아니라 가정의 재정파탄을 예방할 수 있기 때문이다.

다음의 질문지는 가족들의 정서적 고통, 신체적 건강, 역할 수행의 어려움, 경제적 어려움을 진단하여 개입 계획을 세우는 데 도움이 된다.*

구분	가족의 도박 중독으로 나는 _____	지금 그렇다	그렇게 될까 걱정
정서적 고통	도박자에게 복수하고 싶다		
	극도의 분노감을 느낀다		
	불안하다		
	도박자와 따로 떨어져 있고 싶다		
	우울하다		
	죽고 싶다		
	사는 것이 의미 없는 것처럼 느껴진다		
	도박자를 신뢰할 수 없다		
	다른 가족들로부터 버림받은 느낌이다		
	도박 문제에 죄책감, 책임감을 느낀다		
	도박 문제에 무기력하고 희망이 없다		
	무엇을 해야 할지 혼돈스럽다		
신체적 건강	스트레스로 인해 건강 문제가 생겼다		
	밤에 잠을 잘 못자고 식욕이 없다		
	과음을 하거나 담배를 많이 피운다		
역할 수행	부모로서 무능하게 느낀다		
	사회생활이 고통스럽다		
	직장생활, 학교생활을 수행하기 어렵다		
	도박자가 해야 할 역할을 내가 대신 맡고 있다		
경제적 문제	저축을 해지하여 빚을 갚는 데 사용했다		
	꼭 써야 할 생활비가 부족하다		
	세금, 공과금이 밀려 있다		
	신용문제, 은행거래, 사채업자 문제가 있다		
	집, 차, 귀중품을 잃었다		
	부족한 생활비 마련을 위해 직장을 구했다		

위의 진단을 바탕으로 가족의 우울과 불안, 분노 등의 이슈를 다루

---

* 안상일 외, 『잃어버린 나를 찾는 희망 안내서 2: 도박 중독자 가족의 회복을 위한 안내서』 (서울: 사행산업통합감독위원회 중독예방치유센터, 2010), 14-15.

어야 함은 물론 무엇보다도 도박 중독자 가족은 공동의존 문제와 재정문제에 각별한 주의를 기울일 필요가 있다. 김한우가 지적한대로 선택만 하는 도박 중독자와 책임만 지는 가족의 악순환이 일어난다면 공동의존을 의심해 보아야 한다. 도박 중독의 회복은 중독자 스스로 책임지겠다는 자세가 중요하며 가족은 문제해결자가 아니라 중독자가 책임을 받아들일 수 있도록 지원해야 한다.*

- 도박 중독에 대한 이해: 도박 중독의 원인과 도박 중독자의 특징, 도박 중독의 신호와 단서, 도박 중독이 가족에게 미치는 영향, 치료 방법 등
- 도박 중독에 대처하기: 도박으로 인한 문제 발생 시 대처방법, 재발의 신호, 단도박 성공 전략을 위한 가족의 역할 등
- 표현과 소통: 감정알기, 감정 수용하기, 감정표현 유형알기와 감정 해소하기, 감정에 숨겨진 생각과 기대 욕구알기, 자기표현하기, 감정 조절하기

도박은 가족의 재정문제가 깊이 관여한 것이기 때문에 도박 빚을 갚고 재정회복을 위한 대책을 마련하는 것이 중요하다. 도박 빚을 갚기 위해서 무엇보다도 도박자의 마음자세가 중요하다. 모든 빚을 개방하고 스스로 책임 관리하겠다는 자세가 우선되어야 하는 한편 빨리 갚아야 한다는 조급한 마음과 과욕을 버려야 한다. 이와 같은 조바심은 다시 도박의 충동 앞에 무력하게 만들 수 있다. 아울러 도박을 해서

---

* 김한우, 『왜 우리는 도박에 빠지는 걸까?: 도박으로 고통 받는 사람들과 가족들을 위한 110가지 이야기』 (서울: 소울 메이트, 2013), 99.

도박 빚을 갚으려 하지 않겠다는 각오가 필요하다.

1) 채무 변제 계획 세우기

채무 목록 작성은 단도박 12단계 중 제 4단계에 해당한다: "우리는 두려움 없이 자신의 도덕적, 재정적 목록을 철저하게 작성했습니다." 채무변제에 대한 계획 없이 이루어지는 상담은 겉돌고 효과를 보기 힘들다. 채무 목록 작성 과정은 자연스럽게 자신의 도박으로 인해 피해를 당한 사람을 언급하게 되고 잘못을 고백하고 뉘우칠 수 있는 계기가 될 수도 있다. 즉 치유를 위한 동기를 강화하게 된다. 채무 변제 계획은 중독자가 가지고 있는 불안감을 감소시켜 치료 효과를 높일 수 있다. 채무 정리를 위해서 채권자 목록표와 변제의 우선순위를 정하도록 한다. 여러 기관으로 흩어져 있는 대출은 이율이 낮은 곳으로 통합한다. 채권자에게 도박 문제와 재정 상태를 솔직하게 털어놓고 연체액을 줄이거나 기한 연장을 받는다. 구체적으로 할 말을 적어 본다. 자동이체를 통해 일정 금액을 정기적으로 송금한다.

2) 재정 관리

급여는 자동이체를 통하여 받고 통장은 가족이 관리한다. 신용카드, 현금카드, 체크카드 등의 한도를 낮추거나 취소, 정지시킨다. 하루에 꼭 필요한 식대나 교통비 정도를 현금으로 가지고 다닌다. 도박 중독자의 신용카드 신규발급 중지를 요청할 때는 신용카드 신규발급 중지 요청서(인감 날인), 개인신용정보 활용 동의서(인감 날인), 주민

등록증 사본 1부, 인감증명서 1부를 준비하여 신청한다. 수입과 지출을 고려하여 월수입 목록, 월지출 목록 등을 작성한다. 필요한 경우 자산을 처분한다. 자산 목록표를 작성하여 우선순위를 정하고 중요하지 않은 것부터 처분한다. 기대하지 않았던 돈(상여금, 금일봉)이 생겼을 때 즉시 가족에게 알리고 입금한다. 감당할 수 없을 정도의 부채는 개인회생, 개인파산 등의 채무조정 제도의 도움을 받는다.

3) 가족의 재산권 지키기

도박자가 충동의 위험 신호가 올 때 방어하지 못하고 넘어간다면 재정적인 문제가 발생하기 시작한다. 이럴 때 주위의 지지자들, 가족들이 알아차리고 대책을 강구해야 한다. 다음은 도박충동에 다시 빠지고 있는 신호들이다.

- 수입은 계속 들어오는데 이에 비해 자산이 부족하다.
- 돈이 갑자기 사라졌다가 갑자기 나타난다.
- 돈에 대한 비밀이 있으며 자산, 수입, 비용 등에 대해 이야기할 때 얼버무린다.
- 잘 모르는 청구서나 지불 내역서 등이 날아온다.
- 합법적 또는 불법적 대출을 받는다.
- 가족이나 친구에게 갑작스럽게 돈을 요구한다.
- 저축액이 줄어들고 있다.
- 주식을 팔았는데 재투자도 하지 않고 흔적이 없다.
- 값나가는 물건을 분실했다, 도둑맞았다, 수리 중이라고 한다.

- 알지 못하는 사람으로부터 분노에 찬 전화나 문자가 온다.

4. 도박과 영성

도박 치유 상담을 해온 일선의 전문가들은 한결같이 도박 치유에 관해 영성의 중요성을 언급하고 있다. 심지어 신앙인이 아닌 상담가들도 영성을 강조한다. 왜일까? 단도박 모임의 배경이 기독교적이어서 그럴까? 심리 상담의 한계 상황에서 돌파구를 찾기 위한 것일까? 중독은 우상숭배의 한 형태고 우상숭배를 해결하는 것은 하나님과의 건강한 관계 회복이라는 점에서 도박 중독 치료에 영성이 중요하기 때문이다. 그런데 여기서 필자는 "중독"은 물론이요 "도박"이라고 하는 자체가 가지고 있는 영성에 대해서 살펴보고자 한다. 도박은 결국 확률 싸움이요 우연의 개념이 없던 고대에는 확률은 곧 신의 영역이었기 때문이다. 시간과 공간의 제한, 지식의 제한을 가진 인간이 무한한 하나님과 소통하는 방법의 하나로 쓰였던 방법들이 바로 제비뽑기와 같은 것이었다.

성경의 여러 장면에서 등장한다. 예를 들면, 제비뽑기를 통해 바다에 던져진 요나, 가룟 유다를 대신할 사도로 제비 뽑힌 맛디아 등이 대표적인 예이다. 제비뽑기는 하나님의 응답이며 최종적인 결정으로 이의 없이 받아들여졌다. 하지만 제비뽑기는 예언적 설교와 모세오경 등 하나님의 말씀으로 대체되어 갔다.

그리고 보면 제비뽑기는 하나님의 뜻이 인간사회 속에 규례화되고 문자화되어 모세오경을 비롯한 성경을 통해서 전해지면서 신의 뜻을 분별하던 역할이 줄어들어 갔다고 볼 수 있다. 17세기 확률이라는 단어가 무작위성에 대한 수학적 개념으로 등장하고, 이에 대한 책이 씌어졌다. 그래서 우연과 확률이 종교적 신앙과 분리되기 시작한 것으로 보기도 한다. 하지만 "무작위성"은 결국 인간의 조작능력 밖이라는 것을 전제로 하는 개념이다. 즉 아직도 이것은 신의 영역이다. 그렇다면 확률놀음인 도박은 바로 이 신의 영역에서 즐겨보겠다는 무모한 도전이다.

5. 회복과 영성

"경기가 바닥을 쳤으니 이제는 호경기가 되겠지" 하며 사람들은 최악의 상태 후에 회복의 곡선을 기대한다. 하지만 중독은 바닥, 즉 한계가 없다. 사망이 있을 뿐이다. 그래서 중독 개입은 빠를수록 좋다. 여기에서는 주로 영적인 면과 관련된 회복에 대해서 살펴보고자 한다.

한 사람의 가치관은 변화를 해보겠다는 동기를 유발하는 데 가장 큰 영향을 미치는 요소 중의 하나이다. 그리고 한 개인의 가치관에 무엇보다도 영향을 미치는 것이 그 사람의 영성일 것이다. 영성은 도박 중독자가 빠져 있던 자기중심적인 태도와 즉각적인 만족을 추구하고자 하는 조급성에서 벗어나게 하는 원동력이 될 수 있다. 자기중심적이고 이기적인 태도는 영적 생활과는 대조되는 것이다. 내가 이 우주의 중심이 아니요 하나님이 중심이심을 인정한다. 또한 도박 중독의 우상에 매여 있었던 무력함을 고백하고 통제 불가능한 것을 통제하려고 했던 어리석음을 인정한다. 도박 중독자의 영적인 상태를 알아보기 위해 다음의 질문들을 할 수 있다.*

- 지금 나의 삶에서 신앙은 어떤 역할을 하고 있습니까?
- 나의 성장 과정에서 신앙은 어떤 역할을 했습니까?
- 현재 교회에 다니고 있습니까?
- 예배 외에도 교회나 신앙인들의 모임에 참석합니까?
- 참석한다면 얼마나 자주 모입니까?
- 그 모임을 통해서 얻는 것은 무엇입니까?
- 모임의 사람들과 잘 어울리는 편입니까?
- 언제 어디서 어떤 방식으로 기도를 합니까?
- 기도하는 것이 나에게 중요한 이유는 무엇인가요?
- 지금까지 겪었던 영적 경험 중 가장 기억에 남는 것은 무엇입니까?
- 혹시 하나님이 직접 말씀하신 것 같은 느낌을 받은 적이 있나요?
- 신앙서적 읽는 것을 좋아합니까?
- 영적 신념과 도덕적 행위가 연결되어 있다고 생각합니까?
- 도박습관보다도 먼저 고쳐야 할 성격적 결함이 있다고 생각합니까?
- 도덕적인 사람이 되기 위해 계발해야 될 덕목은 무엇입니까?
- 도박 문제가 신앙에 미친 영향은 무엇입니까?
- 도박충동으로 인해 생긴 문제들을 회복해가는 과정에 신앙이 하는 역할은 무엇이라고 생각합니까?

이상과 같은 질문을 통해서 영성의 "어떤 측면"이 도박 중독에서

---

* J. W. Ciarrocchi/김경훈 외 역,『도박중독 심리치료: 개인 및 가족치료를 위한 자기조절 매뉴얼』(서울: 시그마프레스, 2002), 284-285.

회복되는 데 도움이 되는지, 어느 정도 변화 동기를 이끌어낼 수 있는지 진단하고 치료계획을 세운다.

도박 중독이 영적인 문제라면 돌아가는 길도 영적인 힘으로 돌아가야 한다. 다시 말해서 중독에서의 회복은 그리스도로 인해 얻어진 죄의 용서를 믿음에서 시작된다. 그리스도의 대속의 역사가 나를 위한 것이라는 것을 믿을 때 근본적인 변화가 일어나기 시작한다는 것이다. 도박이 신의 영역을 넘보다 헛발질을 하며 넘어진 상황이라면 회복은 주님께서 인간의 영역으로 건너오시고 곤두박질쳐진 나의 삶 속을 찾아오시며 내미시는 주님의 손을 잡을 때 시작된다.

도박과 관련된 사람, 카지노와 같은 장소, 로또 광고 등의 외부 자극이 도박충동을 일으키는가 하면 개인의 생리적, 정서적 상태와 같은 내부에서 일어난다. 즉 대인관계의 갈등, 직장에서의 실패 등이 도박충동으로 이어질 수 있다. 따라서 외부 자극을 완전히 봉쇄한다는 것은 불가능할 수 있다. 즉각적인 충동을 다루는 것으로는 충분하지 않다. 도박충동이 잠재 동기에서 온다면 영적 주제와 성격에 대해 살펴보아야 한다고 주장한다.

영적 회복은 말씀과 예배를 기반으로 은혜를 통해 일어난다. 중독 회복의 한 축을 이루고 있는 자조 모임의 12단계는 영적 능력을 기반으로 하고 있다. 기독교 신앙이 없는 사람에게도 개방한다는 명목 하에 하나님의 이름조차 잃어버린 프로그램이지만 그 시작은 성경공부였다. 회복을 위한 12단계는 다음과 같은 내용을 다루고 있다.

1단계, 항복: 우리는 도박 앞에서 무력하며 정상적으로 생활할 수 없었음을 시인합니다.

2단계, 위대한 힘의 능력: 우리보다 위대한 힘이 우리를 정상적인 생각과 생활로 돌아오게 해주실 수 있다는 것을 믿습니다.

3단계, 결단과 행동: 우리 자신만이 알고 있는 위대한 힘의 보살핌에 우리의 의지와 삶을 맡기기로 했습니다.

4단계, 채무목록작성: 우리는 두려움 없이 자신의 도덕적, 재정적 채무 목록을 철저하게 작성했습니다.

5단계, 사람 앞에서 시인: 우리 잘못의 본질을 우리 스스로에게와 다른 사람에게 시인합니다.

6단계, 변화 준비 완료: 우리의 성격상 약점을 제거하기 위해 철저히 준비하겠습니다.

7단계, 위대한 힘에게 간청: 우리는 겸손한 마음으로 우리가 알고 있는 위대한 힘에게 우리의 결점을 없애 주시도록 간청합니다.

8단계, 기꺼이 보상할 용의: 우리가 피해를 준 모든 사람의 명단을 작성하여 그들에게 보상하겠습니다.

9단계, 지혜와 배려가 있는 보상: 우리가 직접 보상하는 것이 그들이나 다른 사람들에게 상처를 주지 않도록 확인이 되면 언제 어디서고 직접 보상하겠습니다.

10단계, 지속적인 성찰과 시인: 우리는 계속해서 개인적인 목록을 작성하였고 잘못이 있을 때는 즉시 시인했습니다.

11단계, 기도와 묵상을 통한 깨달음: 우리는 기도와 묵상을 통하여 우리가 알고 있는 위대한 힘과 의식적으로 더욱 가까워지도록 노력하였고 우리에 대한 위대한 힘의 뜻을 깨달아 그 뜻을 실행할 힘을 주시도록 기도했습니다.

12단계, 일상에서의 실천과 전파: 우리 생활의 모든 일상사에서 이 원칙들을 실천하려고 노력하였고 다른 도박 중독자들과 함께 단도박 자조 모임의 정신을 나누겠습니다.

　이와 같은 12단계의 내용을 바탕으로 도박 중독자의 회복을 위한 12주 성경공부 프로그램의 틀을 다음과 같이 제안한다.

6. 단도박을 위한 12주 성경 공부 가이드

1과. 얻은 것이 없었습니다 (본문: 누가복음 5:1-8)

말씀 묵상과 적용
1. 베드로가 자신의 삶 가운데 가장 자신 있었던 일은 무엇이었을까요?
2. 예수님을 만나기 직전 베드로의 고기잡이는 어떠했습니까?
3. 말씀에 의지하여 그물을 던져 물고기를 잡은 후 베드로의 고백은 무엇이었습니까?
4. 오늘 내게 필요한 고백은 무엇입니까?
5. 나의 도박 중독 증세가 심각하다는 것을 처음으로 깨달은 때는 언제입니까?
6. 어떤 증상들을 통해 내 문제가 심각하다는 것을 깨달았습니까?

2과. 하나님은 기다리십니다 (본문: 누가복음 15:11-24)

말씀 묵상과 적용
1. 자기 몫의 재산을 챙겨 집을 떠나는 둘째 아들의 기분은 어떠했

을까요?
2. 집을 나간 둘째 아들의 삶은 어떻게 변모되어 갔나요?
3. 둘째 아들이 생존을 위해 택할 수 있었던 유일한 길은 무엇이었나요?
4. 그 방탕한 아들을 아버지는 어떻게 맞았습니까?
5. 실패에 대한 두려움 때문에 시작도 하기 전에 포기한 적이 있습니까?
6. 나의 비참한 모습은 구제불능이라고 생각한 적이 있습니까?
7. 나 혼자서는 불가능했던 일이 누군가의 도움으로 가능했던 적이 있습니까?
8. 도박을 끊고 난 후 내 삶에 일어난 변화는 무엇입니까?

3과. 하나님은 하실 수 있습니다 (본문: 누가복음 18: 18-27)

말씀 묵상과 적용

1. 예수를 찾아온 관리는 어느 정도 율법을 지킨 자였습니까?
2. 예수께서 지적하신 이 사람의 부족한 점은 무엇이었습니까?
3. 부자 청년은 왜 근심하며 돌아갔을까요?
4. 현재 내가 내려놓지 못하고 움켜쥐고 있는 것은 무엇입니까?
5. 마음이 가난한 자는 복이 있다고 하셨습니다. 내 마음이 가난해지지 못하도록 붙잡고 있는 것은 무엇입니까?
6. 자신의 도박 행위는 정당하다는 것을 보여주기 위해 한 일은 무엇입니까?
7. 도박으로 시간과 돈을 허비했을 때 나는 어떻게 변명했습니까?

4과. 네, 갑절로 갚겠습니다 (본문: 누가복음 19장 1-10)

말씀 묵상과 적용

1. 삭개오의 직업은 무엇이었습니까?
2. 삭개오는 부자였지만 사람들에게 어떤 대접을 받고 있습니까?
3. 예수님을 만난 후 삭개오의 재물관은 어떻게 바뀌었습니까?
4. 예수님이 이 땅에 오신 이유는 무엇입니까?
5. 내가 예수님이 찾고 계신 바로 그 잃어버린 자가 아닌가요?
6. 나의 삶과 성격이 도박으로 인해 파괴되어 가는 것을 알면서도 도박을 끊을 수 없었던 때의 심정은 어떠했습니까?
7. 도박으로 인해 생긴 문제를 주변 사람들의 탓으로 돌린 적이 있습니까?
8. 도박으로 인해 재정적으로, 도덕적으로 빚을 진 사람들의 목록을 작성해 봅시다.

5과. 먼저 가서 화해하세요 (본문: 마태복음 5: 23-26)

말씀 묵상과 적용

1. 예수님은 예배보다 긴급한 일을 무엇이라고 하십니까?
2. 제사가 화해보다 먼저인 이유는 무엇입니까?
3. 형제와 화해하라는 하나님의 명령에 순종하지 못하고 예배드린 적이 있습니까?
4. 언제가 가장 거짓말하기 좋은 때입니까?
5. 잘못을 숨기고 거짓말을 했을 때 어떤 결과를 가져왔습니까?

6. 처음으로 "나는 도박 중독자"라는 고백을 했을 때 심정이 어떠했습니까?
7. 내가 도박 중독임을 고백해야 되는 사람은 누구입니까?

6과. 오랜 병자였습니다 (본문: 요한복음 5: 2-10)

말씀 묵상과 적용

1. 병자들이 베데스다 못가에 모여 있는 이유는 무엇입니까?
2. 38년 병자에게 예수님이 물어 보신 말씀은 무엇입니까?
3. 그의 대답은 무엇이었습니까?
4. 주님께서 "네가 낫기를 원하느냐?"라고 물으시면 나의 대답은 무엇입니까?
5. 내가 지금 꼭 고치고 싶은 성격적 결함은 어느 것입니까?
6. 나중에 고치려고 미루어 놓은 결함은 무엇입니까? 미룬 이유는 무엇입니까?
7. 정직하려는 노력에 가장 방해가 되는 것은 무엇입니까?

7과. 믿음으로 됩니다 (본문: 갈라디아서 2: 16-20)

말씀 묵상과 적용

1. 사람은 어떻게 의롭게 됩니까?
2. 18절, "헐었던 것을 다시 세우면"이란 나의 삶에 있어서 무엇을 의미합니까?
3. "내가 그리스도와 함께 십자가에 못박혔다"는 말씀은 무슨 뜻입

니까?

4. 나는 의로워졌습니까? 내 삶에 변화가 일어났다는 것을 깨닫게 해줄 수 있는 것은 무엇입니까?
5. 도박을 통해 나는 강한 사람이라는 것을 보여주려고 한 적이 있습니까?
6. 기도와 말씀 묵상이 단도박 노력에 어떤 영향을 주고 있습니까?
7. 지금보다 정직하고 너그럽고 사랑을 베풀며 살고 싶은 바람이 있습니까? 있다면 무엇이 이런 바람을 갖도록 한다고 생각합니까?

8과. 행함 있는 믿음이어야 합니다 (본문: 야고보서 2: 14-26)

말씀 묵상과 적용

1. 행함이 없는 믿음이 그 사람을 구원할 수 있습니까?
2. 귀신들도 가지고 있는 믿음은 무엇입니까?
3. 아브라함은 언제 의롭다 함을 받았습니까?
4. 라합은 언제 의롭다 함을 받았습니까?
5. 아브라함과 라합의 예를 볼 때 믿음과 행함의 관계는 어떻게 됩니까?
6. 내가 의롭다 함을 받을 믿음의 행동은 무엇입니까?
7. 도박 중독으로 가족, 친지, 친구, 주위의 많은 분들에게 어떤 피해를 입혔습니까?
8. 나로 인해 피해당한 사람들에게 사과와 보상을 위해 어떤 준비를 하고 있습니까?
9. 용서를 구하고 보상함으로서 원수가 친구로 변한 적이 있습니까?

9과. 남의 형편을 헤아리십시오 (본문: 고전 10: 23-33)

말씀 묵상과 적용

1. 가능하다고 해서 모두 유익하거나 덕을 세우는 것은 아니라고 했습니다. 그렇다면 유익하고 덕을 세우는 일의 기준은 무엇입니까?
2. 믿음이 연약한 사람들에게 혼란을 주었던 습관이나 행동은 무엇이었습니까?
3. 상대방의 형편과 처지, 의견을 알아보지 않고 나의 일방적인 판단으로 호의를 베풀다가 당황한 적이 있습니까?
4. 보상에 대해 생각은 많이 하고 있지만 실천을 뒤로 미루고 있지는 않습니까?
5. 보상할 수 있는 적절한 시기와 기회가 왔는데도 하지 못하는 이유가 무엇입니까?

10과. 하나님은 진심을 아십니다 (본문: 사도행전 9: 10-22)

말씀 묵상과 적용

1. 아나니아가 기도 중에 받은 계시는 무엇입니까?
2. 아나니아는 사울을 위해 기도해주라는 주님의 명령에 어떻게 반응했습니까?
3. 아나니아의 기도를 받고 난 사울의 삶은 어떻게 변했습니까?
4. 사울의 회심은 모든 사람에게 인정받았습니까?
5. 인정받지 못한 사울의 행동은 무엇이었습니까?
6. 나의 진심을 알아주지 않아 인내하며 기다려야 했던 적이 있습

니까?

7. 지난 주 분노를 폭발할 수밖에 없었던 상황이 있었습니까?
8. 내가 잘못 했다는 것을 시인하는 것이 전보다 쉬워졌습니까?
9. 내 잘못을 인정하지 못하고 미루게 하는 것은 무엇입니까?

11과. 이제 위로자가 되십시오 (본문: 이사야 40: 1-11)

말씀 묵상과 적용

1. 하나님이 명하신 위로의 메시지는 어떤 내용을 다루고 있습니까?
2. 선포자가 준비해야 할 것은 무엇입니까?
3. 모든 육체와 그 영광은 무엇과 같습니까?
4. 하나님의 임재는 어떤 모습으로 그려지고 있나요?
5. 단도박뿐만 아니라 정신건강, 영적 건강을 위해 노력하고 있습니까?
6. 새로운 것을 배우고 받아들일 용기가 있습니까?
7. 최근에 칭찬을 받은 적은 언제였습니까?

12과. 우리가 사랑할 차례입니다 (본문: 요한 1서 4: 7-12)

말씀 묵상과 적용

1. 사랑은 누구에게 속한 것입니까?
2. 어떤 사람이 하나님께로부터 나고 하나님을 아는 자입니까?
3. 언제 하나님의 사랑이 우리 안에서 온전히 이루어집니까?

4. 다른 사람에게 하나님의 사랑을 본 적이 있습니까?
5. 다른 도박 중독자들을 사랑하고 도와 줄 준비가 되었습니까?
6. 그동안 내 삶에 생긴 변화는 무엇입니까?

7. 나가는 말

이 장에서는 도박 중독자와 가족을 돌보는 데 필요한 간단한 가이드를 담고 있다. 또한 말씀에 바탕을 두고 중독에서 벗어나올 수 있는 성경공부의 틀을 제공하였다. 보다 자세한 내용과 정보를 위해서 『도박 중독의 이해와 돌봄』을 추천한다. 하나님의 교회는 중독자를 외면하지 않는다. 교회는 죄와 싸우고 있는 다양한 종류의 죄인들을 위한 병원이다. 자기기만을 몰아내고 거짓 대신 정직을 불순종이 아닌 순종을 죄책감으로부터의 자유를 절망이 있는 곳에 희망을 전파하는 것이 교회라면 도박 중독자를 위한 교회의 관심과 돌봄을 더 이상 미루어서는 안 될 것이다.

미투(me too)와 성 문제, 교회는 어떻게 대처해야 할 것인가
— 성 중독의 사례를 중심으로

김형근

(서울중독심리연구소)

교회 안에서 벌어지는 성 중독 현상인 목사와 교인들 그리고 교인들 사이에서 벌어지는 성추행과 성폭력, 외도와 동성애 등 숨어 있는 그림자의 모습을 이제는 빛으로 조명할 때가 되지 않았나 싶다.

지금은 성의 본질을 모르고 오용, 남용하거나 왜곡하여 성이 우리에게 행복과 즐거움으로 경험되는 것이 아니라 상실과 절망과 아픔으로 경험되거나, 또는 욕망과 자신의 권력을 확증하는 데 사용되는 것이 "성의 영역"이다. 사실 성은 사랑을 받고, 주고 싶은 소망에서 시작되지만, 그 사랑을 받을 때만 좋고, 자기가 사랑받을 만하다는 유아적인 생각에 사로잡혀 있을 때는 문제가 되기 시작한다. 이런 유아적 환상에 사로잡혀 있다는 것은 진정한 사랑이라고 생각하는 돌봄을 받지 못할 때 생기는데, 자신이 사랑을 받지 못한 것이 자신의 존재적 문제라고 보기 때문이다. 그래서 자신이 세상을 살아가는 데 부적격자로 느껴지면서, 살만한 가치를 획득하기 위해 사랑받는다고 생각이 드는 영역에 집착을 보이게 된다. 그런 것으로 인해 인정받는 일에 의존하며, 다른 사람들의 평가에 민감하게 되는 원인의 중요한 요소가 된다.

사랑받고자 하는 마음은 결핍에서 시작된 것으로, 결핍을 채우려는 마음의 움직임은 자신의 욕망을 왜곡시킨다. 탐욕과 욕심의 시작이요, 무엇이든 더 많이 가지고 싶고, 받고 싶은 욕망이 끝도 없이 생기기 시작한다. 이런 마음은 신앙에도 자리 잡아 하나님께 인정받기 위해서 그리고 사랑받기 위해서 열심과 노력을 다해 교회를 섬기기도 하고, 사역을 하기도 한다. 이런 모습은 일반적으로 신앙생활을 잘하고, 믿음의 본이 되는 것처럼 보이지만, 사실은 결핍을 채우기 위한 행동이며, 하나님이 우리에게 진정 알려 주고자 하는 사랑의 본질적인 것과는 거리가 먼, 남의 시선에 집중하고, 세상이 자신을 중요한 존재로 인식해주기 바라는 바리새인의 모습을 닮아가는 것이다.

영원히 목마르지 않는 생수를 마시지 못하고, 잠깐 동안 갈증을 해소할 수 있는 종교적 행위들 속에서 잠시 위안과 기쁨을 얻게 되지만 집으로 돌아가서, 또 일터에서 또다시 갈증이 느껴지는 것을 확인하게 된다. 바로 성적인 행동 속에는 자신이 대단한 존재이기를 바라고, 사랑과 위로에 목말라 시궁창에 흐르는 물이라도 마시고 싶은 마음이 있는 것이다. 그렇게 하지 않으면, 자신들의 정서적 허기를 채울 수 없고 죽을 것만 같은 것이다. 그래서 성적 일탈을 일으키는 사람들은 심리적으로 긴박한 긴장 속에서 탈출구를 찾는 것이다. 다시 말하면 살려고 몸부림치는 현상이라 볼 수 있다. 그래서 성경에서는 육(肉)을 죽음이라고 말하는 것이다. 중독은 자신이 육으로 살아남기 위해서 애쓰는 현상이다. 육으로 살려고 노력할 때 영은 죽은 것과 같이 된다. 그래서 예수님은 우리에게 죽으라고 말씀하신다. 그래야 거듭난다고 가르쳐 주시는데, 막상 죽는 것이 무엇인지 모르거나, 또는 죽고 싶어도 어떻게 죽어야 하는지 몰라 질문하게 된다. 그리고 더 위험한 것은 죽지도 않았는데 자신이 거듭났다고 확신하는 것이다.

 신앙의 탈을 쓰면서 육의 욕망을 채우는 사람들은 타인과 자신의 의식을 속일 수 있어도 진정한 자기와 하나님은 속일 수 없다. 어찌되었든 죽는다는 게 말이 쉽지 그게 어디 쉬울까? 그래서 중독이 회복되기 힘든 것이다. 회복은 자신의 목숨을 거는 것이기 때문이다. 자신의 목숨을 내어놓지 않고 하나님에게 중독이 낫기를 아무리 기도해본들 딱히 변하는 것은 없다. 하나님은 이미 우리에게 회복의 길을 안내했고, 내가 그 길을 가야 할 일만 남아 있는 것이다. 내가 가지 않고 하나님이 해주길 바라는 것은 유아적인 상태로 자신이 할 일을 하지 않겠다는 것이기에 이는 하나님의 질서를 깨뜨리는 것이요, "심지 않는 곳에서 거두겠다는 마음"이다. 죽는 과정은 이곳에서 구체적으로 언급하지는 않겠다. 죽는 것은 단순하고 쉽지만 죽음을 결단하게 하는 과정은 너무 많은 설명과 실천이 필요하기 때문이다.

 여하튼 인정과 사랑에 목매는 것은 마음속 깊은 곳에 거절 불안이 있다는 것이고, 이 불안은 성적인 연결로 안정장치(위안)를 만들려는 충동에 사로잡히게 된다. 그래서 목회자에게 교인이 성적인 대상으로 보이기 시작하고, 교인들끼리 어울리다가 성적인 유혹에 넘어가는 일들이 종종 일어나기도 한다. 또는 목회자나 성도들이 성매매업소를 찾는다든가 유사 성행위하는 곳이나 채팅을 통해서 사람들을 만나는 일들도 있다. 우리가 생각하는 것보다 더 많은 기독교인들이 성 중독에 노출되어 있다.

어느 기독교인은 참 신실하고 청년회장까지 맡고 있음에도 불구하고 매주 한두 번은 업소 여자들을 만나러 다닌다. 아무리 참으려고 해도, 성적인 유혹을 이겨보려고 고린도서를 달달 외워서 유혹이 오면 말씀으로 대응하려고 해보았지만 충동이 올라오면 속수무책으로 그 많던 신앙적 노력은 의미 없게 되어버린다. 하나님은 중독을 치료할 수는 없는 것인가? 아니다. 문제는, 위에서 잠깐 언급했지만, 말씀을 외우면, 교회를 열심히 다니면, 새벽기도 열심히 드리면, 종교적 헌신을 한다면 중독이 치료될 것이라는 샤머니즘적 해결 방식을 기대하기에 중독에서 치유될 수 없는 것이다.

진리 가운데로 들어가면 중독은 물론이거니와 우리 삶의 다른 고통에서도 해방될 수 있는 것이다. 그럼 진리란 무엇일까? 단순하게 정리한다면 사랑이다. 성 중독은 사랑의 결핍으로 인해 시작된다. 하지만 성 중독자가 원하는 사랑을 받는다고 해서 성 중독이 회복되지는 않는다. 그것은 유아적 욕망만 채우는 것이기에 그렇다. 진정한 사랑을 자신 안에서 발견한다면 중독 행위는 멈춰지게 된다. 모든 중독자는 자신의 깊은 무의식 속에서 자신은 사랑받을 만한 가치가 없는 존재라고 느끼고 있다. 그러나 진실은 "너는 곧 사랑이다." 이것이 진리이다. 우리는 그동안 죄인으로 죽어야 함을 가르쳐왔고 들어왔다. 맞다. 위에서 이야기했듯이 죽어야 한다. 왜? 진짜 나의 존재를 만나기 위해서이다. 그것은 바로 너는 영이라는 것이다. 육이 아니라 너는 영이다. 우리는 육을 '나'와 동일시하면서 살아왔다. 육이 성적인 것을 원하면 그것이 내가 원하는 것으로 알고 있다. 하지만 아니다. 육은 진짜 당신이 아니다. 영이 잠시 머무는 몸일 뿐이다. 여하튼 내 속에서 사랑을 찾고 나 자신을 사랑할 때 우리는 비로소 진리를 발견하고 자유를 찾게 된다.

많은 중독자가 자기 자신에게 기쁨을 가져다주기 위해 중독 행위를 한다. 하지만 그것은 자신에게 좋을 것이라고 생각했으나 자신을 파괴시키는 일이라는 것을 눈치채지 못하고, 자신에게 그 행동을 계속하여 허용한다.

이렇듯 우리는 우리 내면의 환상적 생각을 기반으로 현실을 왜곡시키는데, 안타깝게도 왜곡시킨다는 사실을 모르는 것이다. 그래서 내가 지금 보고 있는 것이 실제로 보이는 것이라고 생각하게 되고, 자신이 바라보고 싶은 대로 보고 있다고 생각하지 못한다. 그래서 자신이 보는 것이 실제이며 사실이라고 쉽게 믿는 것이 일반적인 사람들의 삶의 방식이며, 그것을 바탕으로 논리를 펼치게 된다. 그래서 내 안에 어떤 것이 있는가, 또는 무엇을 믿고 있는가에 따라 세상에서 보이는 것이 달라지는 것이다. 그것을 심리 검사로 이용하는 것이 로샤Rorschach 검사이다.

내면에 있다는 것은 경험한 것—이 경험한 것이 실체를 볼 수 있게 해준다는 말이 아니라, 단지 단면적인 경험과 그 경험에 따른 자신의 해석으로 만들어진 정보(퍼즐 조각 중에 한 조각만 가지고 있는 그림을 보고 전체의 퍼즐 그림을 알고 있다는 착각)—을 가지고 바깥세상에 투영시켜서 바라본다.

예를 들어 8년 전에 집사님 부부가 이혼을 앞두고 연구소를 찾아와 상담을 받은 적이 있다. 사유는 남편은 동의하지 않지만 아내는 남편이 바람을 피우고 다닌다고 굳게 믿고 있었고, 이런 싸움이 2년째

이어지다가 서로 불신이 커지면서 상처는 점점 더 깊어져 급기야 더 이상 살지 못하겠다는 마음이 들어, 마지막으로 누구의 말이 맞나(남편이 외도한 것을 인정하면 문제를 해결할 수 있지 않을까 하는 희망을 갖고) 전문가를 만나보자는 심정으로 내방한 경우이다.

아내는 덤덤한 모습으로 자신의 경험을 이야기하기 시작했다. 어느 날 이상한 느낌이 들어 남편의 교통카드 내역을 확인해보았는데 남편은 집에 오는 지하철역에 7시에 내리지만 집에 들어오는 시간은 8시가 넘는 것이다. 이때 아내는 순간 아득한 옛 기억과 연결되고, 자신이 믿고 있는 신념을 남편이 한 시간가량 늦게 들어오는 것을 보면서 확증하기 시작했다. 아내는 6살 때, 아버지가 바람피우면서 엄마와 아빠가 부부싸움을 하는 것을 본 경험을 가지고 있다. 그때 '남자들은 다 바람을 피우는 것이구나' 하고 생각하게 되었다. 어른이 되어 결혼을 할 때도 내심 '내 남편도 언젠가는 바람을 피울 텐데 어쩌지…'라는 막연한 불안감을 가지면서 결혼 생활을 이어갔다. 그러다가 14년째에 '드디어 올 것이 왔구나' 하는 생각이 든 것이다. 아내는 남편에게 크게 실망한 표정과 어투로 닦달하면서 물어보았다. "당신 어디서 무엇 하다가 이제 들어오는 거야?" 남편은 약간은 당황한 듯이 '아내가 왜 이러지?'라는 느낌을 가지고 별일 아니라는 듯 "회사 끝나고 바로 온 거야!"라고 말한다. 보통의 남자들의 반응이다. 중요하지 않다고 느껴지거나 굳이 말할 필요 없는 것은 이야기 내용 중에 (아내가 정말로 중요하다고 생각하는 말은) 들어가지 않는다. 반면 보통의 여성들은 세밀한 부분까지 말하는 경향이 있기에 아내들이 의심을 갖기 시작하면 남편과 대화하는 중에 남편이 거짓말을 하는 것이라고 느끼기가 쉽다. 아내 입장에서 정말 중요하다고 생각하는 내용이 있는데 남편은 그것이 별로 중요하지 않다고 느끼기 때문에 지나쳐버리는 것이다. 그 지나쳐버리는 것이 아내 입장에서는 거짓말로 해석이 될 수 있는 것이기에, 남편이 나를 속인다는 확신을 갖게 되면서 더 꼬치꼬치 캐묻게 되고 불신이 쌓이게 된다. 아내는 '남편이 나를 속이는 것을 보니 어디서 다른 여자를 만나고 오는구나'라는 확신을 갖게 되었다. 그러나 실제로 남편은 혼자만의 시간이 필요해서 퇴근하고 조용히 집 근처 슈퍼나 편의점 앞에서 맥주나 음료수를 마시면서 보낸 시간들이었다. 아내는 남편의 그러한 행동을 외도로 해석한 것이다.

우리는 삶에서 어떤 일이 일어났는가를 중요하게 생각한다. 하지만 그 일을 어떻게 해석하는가가 인간에게는 더 큰 영향을 미치게 된다. 왜냐하면 인간에게는 그 해석이 실제가 되기 때문이다. 이런 것을 심리적 실제라고 말하는데, 인간에게 사건이 영향을 주는 것처럼 보이지만 사실은 심리적 실제가 인간에게 심각한 영향을 준다. 다시 말하면 누구든지 자신이 믿는 대로 보는 것이며, 밖에 있는 세상을 보고 있는 것 같지만 자신의 안에 있는 세상만을 보는 것이다. 그리고 자신이 본 것에 중요하다고 의미를 부여하게 되면서 그것이 나에게 가장 필요한 것이라 자신의 욕망의 대상이 되는 것이다. 우리는 무엇이든 욕망의 대상이 되면 그것을 갖고 싶은 갈망이 생기고, 그것이 지나치면 중독적인 현상이 나타나는 것이다.

모든 사람이 의심하지 않고 의미를 부여한 욕망을 예로 들어 보자. 성관계는 보통의 건강한 사람이라면 흥분되고 자신에게 기분 좋은 경험이 되는 것이라 생각할 것이다. 남자는 여자를 만나서 또는 여자는 남자를 만나서 그리고 남자가 남자를, 여자가 여자를 만나서 섹스를 한다면 사랑받는다고 느낄 수 있고, 오르가즘의 경험으로 성관계는 모든 사람에게 쾌락적인 자극을 경험하게 한다는 것은 마치 보편적인 느낌이고, 실재라고 생각하지만, 그렇지 않다. 이것 또한 자신의 부여한 의미로써만 자신에게 기분 좋음과 설레는 만남의 경험이 될 뿐이지, 만약 자신의 부여한 의미가 달라진다면 성관계는 고통과 두려움 그리고 귀찮은 것에 불과하게 된다.

그러나 우리는 성관계의 기분 좋음이 실재한다고 생각한다. 장로 직분을 가진 성 중독 내담자가 상담 중에 이런 말을 했다. "자기는 여자의 젖가슴과 자궁에 자신의 성기가 삽입되는 것이 너무 황홀하고 좋다"고. 이 내담자는 하루도 안 빠지고 매일 성관계를 하는 사람이었다. 나는 "여자의 몸이 그렇게 당신에게 황홀감을 주는 것은 당신이 의미를 부여했기 때문입니다"라고 말해 주었다. 내담자는 "의미를 부여하고 안 하고를 떠나서 성관계 자체가 좋은 것 아니냐?"며 고개를 갸우뚱하면서 물었다. 나는 천천히 그리고 조용히 그 이유에 대해서 설명해 주었다(물론 상담이 내담자에게 이런 설명을 주로 하는 것은 아니지만, 때로는 심리적인 현상에 대해서 설명이 필요한 경우도 있는데 바로 이 내담자가 거기에 해당되었다).

성관계를 할 때 서로의 피부가 닿고, 만져지고, 온도와 소리, 냄새 등 이런 요소들이 나에게 자극이 되어 오르가즘이라는 것에 도달할 수 있다고 생각하지만, 성폭행을 당하는 여성(남성)에게는 성관계가 어떻게 느껴질 것 같은가요? 육체적으로는 똑같이 자극되는데, 자신이 원하고 좋다고 의미가 부여되는 사람들에게는 유혹적이고 흥분되고 심지어는 중독에 빠질 정도로 쾌락이라는 자극을 주지만, 성폭행을 당하는 여성(남성)에게는 비참하고 모욕적이며 자신이 파괴되고 침범당한 느낌으로 고통스러운 나날을 보낼 겁니다.

다른 한편으로는 중독적인 현상을 가지고 있는 어떤 여성은 밤에 강도가 자신의 집에 쳐들어와서 자신을 겁탈해주었으면 좋겠다는 상상을 하고 기대하는 일탈적 속성을 가지고 있었다(이건 사실 보통 여성의 심리상태는 아니다). 그런데 어느 날 그 여성에게 기대한 일이 일어났다. 강도가 들어왔고 자신을 겁탈했다. 이 여성은 막상 기대했던 일이 실제로 일어나서 순간은 놀랐지만 무엇인가 더 자극적이고 흥분되는 경험이 되었다고 한다. 또는 변태적인 성행위를 하는 사람들을 생각해보자. 대변을 보는 것을 보고 성적 흥분을 느끼는 사람들이 있다. 소변을 자신의 몸에 보라고 요구하며 그때 자신은 황홀경에 빠지는 사람도 있다. 동물과 성관계를 하면서 쾌락적 만족을 얻는 사람들도 있다. 이렇듯 수많은 변태적 행위들은 보통 사람들에게는 성적인 쾌락을 주지 않는다. 변태행위에 무의식적으로 의미를 부여하고 그것이 욕망의 대상이 되어 이상성욕을 보이는 사람들처럼, 보고 만져지는 그 자체가 실제로 우리에게 즐거움을 주는 것은 아니다. 그럼에도 불구하고 페티시나 변태적 성욕을 채우는 사람들은 자신에게 문제가 있다고 생각하지 않으려 한다. 그저 성적 기호라고 말하고, 도움을 받지 않으려고 한다. 성적 피학증 또한 폭력적으로 고통을 당하는 행위이지만, 그저 기호에 지나지 않는다고 여길 것이다. 또한 여장 남자에게 성적 매력을 느끼고 거리에서 이들을 찾아 성관계 맺는 남성들, 남성들끼리 성적 매력을 느끼는 사람들, 여성들끼리 만나서 성관계를 하는 사람들, 각자가 경험하는 위치에서 입장을 이야기한다면 이들은 이런 것들이 문제될 것이 없다고 느낄 수도 있을 것이다. 물론 이들 중에도 자신의 행위에 심각성을 가지고 있는 사람들도 있으리라 싶다. 자신을 합리화하고 자신의 결핍된 감정을 부인하는 사람들에게는 성적 기호일 뿐이라고 말하겠지만, 깊은 내면에서는 자신이 결핍되었다고 느끼는 그것을 채우기 위해 방어적으로 전환시키고 육욕적 형태인 성적 대상이 된다는 것을 모르는 채 그저 성적 기호가 되어버린다. 결핍된 그것이, 또 상처가 된 그것이 무엇인지 우리 자신이 잘 이해하고 수용할 수 있다면 우리가 생각했던 성적 기호는 변화를 일으킬 것이며, 성에 집착되어 있던 마음도 성이라는 것이 큰 의미가 없게 될 것이다.

　많은 남성 성 중독자들은 자신이 태어날 때부터 여자에 관심이 많았고, 성적으로 왕성한 것이라 말하지만 성에 집착되어 있는 것은 자신의 결핍, 자신의 열등감, 남성의 정체성을 인정(수용)받지 못한 결과로 지나치게 성에 집착하게 되는지 모르고 그저 자신의 충동에 사로잡혀서 자신이 그렇게 태어난 것으로만 받아들이게 된다. 무의식적인 왜곡과 아픔이 있는 사람은 전문가의 도움을 받는다면 변화될 수 있다. 물론 쉬운 길은 아니지만 불가능한 것도 아니다. 위에서 말한 성 중독 내담자도 나의 짧은 설명을 듣더니 무엇인가 새로움을 만난 듯한 표정으로 돌아간 뒤 한 주 지나서 만났을 때, 매일 하던 섹스를 2번 정도 했고, 그 섹스마저도 옛날처럼 황홀스럽지 않았다고 말했다. 가끔은 설명만으로 내담자의 마음에 영향을 주는 경우도 있다. 자신의 내면을 깊이 이해할수록 우리는 우리의 증상이나 기타 현상들이 다스려지는 것을 임상 현장에서 많이 보곤 한다.

진정으로 자기 자신을 이해하려고 많은 사람이 노력하지만, 스스로 자신을 깊이 이해한다는 것은 쉽지 않다. 왜냐하면 어린 시절 우리의 부정적인 경험들이 억압되고 왜곡되어 진실인지 거짓인지 살펴보기도 전에 우리 마음에 판단된 신념이 자리 잡기 때문이다. 우리는 그 신념으로 모든 것을 보게 되고, 받아들이게 된다. 특히 자기 자신을 왜곡해서 바라보게 되면서 자연스럽게 밖의 세상도 왜곡시키기 마련이다. 심리치료란 왜곡된 그것을 바로 잡고 진실을 보게 하는 것이라고 말할 수 있다. 그러나 인간은 처음에 자신이 믿은 것을 바꾸기 싫어하는 본능이 있다. 그것이 아무리 자신에게 고통을 준다고 해도 자신이 믿고 있는 것을 바꾸려 하지 않는데, 더 깊은 이유는 그것이 나름대로 자신을 보호하기 위해서 만들어진 전략이기 때문이며, 이것을 바꾸려면 확실히 안전하다고 느끼는 외부 환경이 필요한 것이다. 예를 들어서 부모의 어떤 행동에 자녀는 "엄마는 나를 사랑하지 않아"라고 받아들일 수 있다. 이 신념은 "사람들은 나를 사랑하지 않아"로 일반화를 일으킨다. 사람들은 나를 싫어할 거야, 나는 재미없는 사람이야 등 자신의 생각이 감정에 영향을 미치면서 분노나 슬픔이나 공허감이나 외로움 등의 힘든 감정에 사로잡히게 되고, 파괴적이고 부정적인 생각들이 줄지어서 떠오르며 다시 부정적인 감정에 노예가 되는 악순환에 놓이게 된다.

"사람들이 나를 싫어한다"는 신념은 사람들에게 가까이 다가가서 마음을 열었다가 상처 받게 되는 것을 막아주는 역할을 하기 때문에, 다른 사람한테서 거절을 당하지 않게 하는 보호 요인이 될 수 있는 것이다. 이렇듯 모든 신념 안에는 자신을 보호하는 기능이 있는데, 이런 신념이 자신에게 유익할 것이라고 생각하지만 오히려 자신에게 족쇄가 되는 것이다. 심한 거절감을 받지 않을 수 있지만 평생 외로움과 거절감에 시달리면서 살게 될 수 있기 때문이다. 그렇게 되면 외로움과 거절이라는 부작용을 만나게 되고 이것을 해결하려고 노력하는 현상이 성 중독이 되는 것이다. 또는 마음을 바꾸는 (죽는) 과정의 노력이 아니라 행위를 참고, 감정을 전치$_{displacement}$시키고, 성 충동을 제거하려는 노력들은 해보지만 현상을 제거한다고 현상을 일으키는 마음이 변하지 않는 이상 현상은 드라큘라처럼 다시 나타난다. 그러고 나면 무력해지고, 그런 과정이 반복될수록 평생 자신이 이렇게 살게 될 것이라는 좌절과 절망에 갇힌다. 그리고 합리화하게 되는데 '내가 예민하게, 약하게, 게으르게, 불량품으로 태어났기 때문'이라고 생각한다. 자신이 스스로 변화를 주기 위해서 노력한 뒤에 잘되지 않을 때 사람들은 그냥 자신이 이렇게 태어났다고 생각하기가 쉽다. 상처가 많을수록 자신이 태어나서 우리 집안이 망했고, '내가 태어나서 엄마가 이렇게 고통스럽게 사는구나'라고 생각할 수 있다. 이렇게 생각하는 유아적인 방식을 엄마들은 더욱 부추기는데 예를 들면 "네 아빠하고 이혼하려고 했는데 네가 임신이 되어서 헤어지지 못하고 여태껏 산다"는 말 따위이다(이 가정은 늘 아빠가 술 먹고 들어 와서 엄마를 때리는 집안이다).

이렇듯 어린 시절 경험이 어른이 되어서도 계속 영향을 주는 것은 육신의 부모를 어른이 되어서도 어린 시절 자기 마음의 중심부에 놓아두었던 자리에 여전히 그대로 두고 있기 때문이다. 성인이 된 하나님을 믿는 사람들은 그 자리에 하나님이 있어야 하는데 사실은 부모가 있는 것이다. 그렇기 때문에 하나님을 믿고 있으나 육신의 부모가 나에게 어떻게 양육했는가가 내게 더 중요하게 영향을 끼친다. 그래서 아무리 하나님이 나를 사랑한다고 말해도 여전히 내가 사랑스러운 존재로 마음으로 경험되기보다, 나를 사랑스럽게 대해주지 않는 부모의 영향으로 '그래도 나는 사랑스럽지 않아'의 느낌이 우선시되는데, 이는 자연스러운 현상이기도 하다. 먼저 경험된 것이니 이 경험에서 벗어나는 게 쉽지는 않으리라. 하지만 그 경험에서 벗어난다는 것은 마음 중심부에 하나님이 자리하게 되는 것이다. 이제 나의 부모는 하나님이지 육신의 부모가 아니다. 그래서 하나님의 자녀가 되는 권세가 주어진 것이다. 어린 시절 나를 키워준 육신의 부모에게 감사하며, 부족한 것이 있었다면 용서할 뿐이다. 왜냐하면 나는 하나님의 자녀이지 육신의 부모에 속해 있는 것이 아니기 때문이다.

우리는 부모를 공경하라는 십계명의 말씀 때문에 막연하게 부모를 떠나(거역)서는 안 된다고 생각하는 것 같다. 그러나 그렇지 않다. 부모를 떠나야만 하나님의 자녀가 되고 그 후 진정으로 부모를 건강하게 공경을 하게 될 것이다. 부모 공경이라는 미명 아래 얼마나 많은 부모가 하나님의 자녀들을 자신의 소유로 부리고 있는가? 반면에 자녀들은 의존적인 성향을 내려놓지 못하고 부모에게 인정받고 사랑받기 위해서 하나님의 아들이 되는 권세를 포기하는 사람들은 또 얼마나 많은가? 착하고 선하고 거룩해야 한다는 규율에 사로잡혀서 진리의 길로 떠나기보다 부모에게 받지 못한 인정을 채우기 위해서 성인이 되어도 부모를 떠나지 못하고 남아있는 퇴행된 현상이 성 중독이다. 그래서 중독의 심리는 반항이요 일탈이다. 이렇게라도 잠시 부모와 다른 존재라는 것을 느끼려는 보상 충동이 일어난다.

'나'에게는 기존 질서에 따르는 것을 싫어하고 현실에 대한 초월성을 기대하며 주변 사람들이 자신이 얼마나 대단한지 알아주길 바라는 숨은 마음이 있다. 중독적인 행위 속에는 잠시라도 전능감을 체험하고 싶어 하며 환경에서도 이것을 요구한다. 자신이 원하는 것을 타인이 들어주고, 해주길 기대하는 것이며, 자신의 뜻대로 되지 않을 때는 심각한 분노와 좌절 그리고 왜곡 현상을 일으킨다. 예를 들면 내가 모든 사람에게 사랑과 칭송을 받아야 한다는 생각을 갖는다든가, 모든 일을 완벽히 해내야 한다는 생각도 전능감에 기반을 두고 있다. 모든 사람에게 사랑받아야 한다는 마음이 있는 사람들은 다른 사람들이 자신을 조금만 좋아하지 않는 것 같으면 심각하게 피해의식을 갖는다든지, 수치스러워하고 큰 좌절에 빠지고 실망하게 되며, 또 그런 사람들을 미워하게 되면서 사람을 싫어하게 된다. 다른 사람들은 나를 좋아할 수도 있고 좋아하지 않을 수도 있다. 이것은 그들의 자유적 선택이다. 남들이 나를 좋아하지 않는 선택을 했더라도 내가 사랑받지 못할 사람은 아니다. 그들의 선택과 관계없이 나는 사랑받을 수 있는 사람이다.

어느 유명한 부흥사 목사님이 자위행위에 중독되었는데 아무리 노력해도 해결이 되지 않아 연구소를 찾아오게 되었다. 이 분은 교인 2,000명이 모이는 교회 담임목사였는데, 교회 일에다 부흥 강사로 다니느라 분주한 사역을 감당하고 있었다. 늘 바쁜 일정을 소화하고 나면 혼자 있는 시간에는 여지없이 음란물을 보고, 자위를 하게 된다. 그 후 심한 죄책감에 시달리다가 다시는 이런 중독 행위를 하지 않기 위해서 강단에서 무릎 꿇고 기도도 해보고, 금식도 하면서 주님이 이끌어달라고 몇 십 년을 간절히 기도해 보았지만 자위 중독에서 벗어날 수 없었다. '이러다 성도들이 알게 되는 경우에는 목회를 내려놓을 수도 있겠다'는 두려움을 가지고 있으면서도 성적 충동은 멈춰지지 않왔다.

이 목사님은 아버지에 대한 인정을 갈망하면서 살아왔다. '내가 성공한다면 아버지가 나를 인정해주겠지' 하며 열심히 쉬는 시간도 없이 달려왔다. 그래서 성공의 자리에 도달했지만 아버지는 아들 칭찬을 제대로 해준 적이 없고, 동생에게만 관심과 인정을 쏟아부었다. 좀처럼 이해할 수 없다. 동생은 나보다 성공하지도 못했는데 오히려 동생을 인정하는 아버지에게 증오가 생기기도 했지만, 한편으로는 아버지의 인정이 필요한 애증의 관계가 되어버렸다. 그래서 자신의 신념도 "시간을 허비하지 말고 열심히 하라"였다. 이런 신념은 자신에게 인생을 즐기지 말라는 금지령을 가지게 했고, 쉬거나 놀지 못하는 상태가 되었다. 시간이 나서 잠깐 TV를 시청하면 어느 순간 마음속에서 비난이 쏟아졌다. '너 시간 날 때 이렇게 여유 부리고 있으면 되겠어? 더 말씀 준비해야지, 더 신학적으로 연구해야지, 시간을 이렇게 낭비해서 되겠어?' 이렇게 질책하면서 스스로 쉼을 허락하지 않았다. 그런데 이런 경우에 일반적으로 일탈이나 반항적인 행동에 붙잡히게 되면서 중독적 행위에 사로잡힐 가능성이 높아진다.

자신을 질책하여 죄책감으로 자신에 대해 부정적이고 나쁘다고 생각하는 사람들의 행동을 제어하는 시도는 실패하기 쉽다. 왜냐하면 그런 생각으로 인한 행동은 자신에게 유익하다고 생각하게 하는 허위 의식(가짜)이기 때문이다. 가짜의 위로로 중독적 행위를 하듯, 우리에게 좋을 것이라고 생각하여 잔소리하고, 지적하고, 죄책감을 불러일으키는 태도는 중독에서 벗어나오게 하는 것이 아니라 오히려 중독에 빠지게 만든다. 그래서 이 내담자에게 TV 시청을 허락하고, 음란물을 보되 시간을 30분으로 줄이고, 자위도 즉각적으로 시간을 줄이는 것으로 접근하면서, 마음에 용서라는 것이 무엇인지 경험하게 하였다. 그리고 자기를 사랑하는 것이 진정으로 하나님을 사랑하는 것이라는 이해를 가지게 하고, 자신을 행복하게 하는 시간들을 갖는 것이 신학적인 연구보다 더욱 가치 있는 일이라는 사실을 이해하게 함으로써, 중독적인 행위가 몰라보게 줄어들게 되었으며, 설사 중독적 행위를 하더라도 자신을 용서할 수 있게 되었다고 한다. 많은 중독자와 심리치료를 해오면서, 죄책감이 감소되는 만큼 회복되는 모습을 임상에서 많이 본다. 우리는 간혹 사람들을 변화시키기 위해서 죄책감을 불러일으키는데 예수님은 우리 죄를 사하시러 오셨지 죄책감을 주려고 오신 것이 아님을 기억해야 할 것이다.

예수님은 "첫째는 이것이니 주 너의 하나님을 사랑하고, 둘째는 네 이웃을 네 몸과 같이 사랑하라"고 하셨다. 많은 사람이 하나님 사랑을 예배 잘 드리고, 찬양하고, 선교하고, 말씀 보고, 기도 많이 하는 것으로 알고 있다. 하지만 이것은 사랑해서 나타나는 일부의 현상이지 사랑의 본질은 아니다. 문제의 본질은 바로 자기 사랑인 것이다. 이 원리를 이해하고 난 다음부터 중독적인 행위에서 벗어났을 뿐만 아니라 경직된 자신의 삶에 참 자유를 갖게 되었다. 마지막으로 이 내담자는, 머리를 떨구면서 강단에서 몇 십 년 동안 기도해도 안 되었던 일을, 자신에 대한 용서와 받아들임을 이해하고 그것을 자신에게 적용하게 되었을 때, 3개월 만에 회복이 시작되었다.

전능감에 사로잡힌 중독의 마음은 자신을 있는 그대로 사랑할 수 없기에, 초월적으로 타인들을 향해 자기를 사랑해주길 원한다. 하지만 현실적으로 이루어지지 않는 것을 경험하면, 대체하는 방법을 찾아나서 중독적 물질이나 행위 속에서 얻으려고 하는 것이다. 이런 중독의 성품은 부인 혹은 부정이라는 방어막을 쳐서 자신을 들여다보지 않는다. 자신이 얼마나 비겁한지, 욕심이 많은지, 자기 유익만 추구하는지, 속이 좁은지 등 자신의 진짜 모습을 부정하게 되니 남 탓만 늘어나기 시작한다. 부모 탓, 가족 탓, 남 탓이 기본적으로 자리 잡게 됨으로써 자신의 행동과 말에 책임을 지지 못하게 되고, 자신이 유아적인 상태에 머물고 있다고 생각하여 이를 행동으로도 드러낸다.

자신을 들여다보는 고통은 어른이 되기 위해서 꼭 거쳐야 하는 과정이다. 이 과정을 지나지 않았다면 육신의 나이만 먹어갈 뿐 영혼의 나이는 아직 미숙한 어린 모습으로 남아있는 것이다. 분석심리학 창시자 융은 인간이 살아가면서 겪어야 할 당연한 고통을 외면한다면 더 큰 고통을 만나게 될 것이라고 하며, 우리에게 오는 자연스러운 고통을 무섭거나 나쁜 것으로 보지 말라고 안내해준다. 나의 부족한 모습을 인정하는 것은 고통스러운 일이긴 하나 그것을 인정할 때 겸손이라는 평온이 찾아오기 때문이다. 결국 중독의 마음은 이런 자연스러운 고통을 보지 않으려고 쾌락과 편안함을 추구하다가 중독의 쇠사슬에 갇혀서 더 큰 고통을 겪으면서 살아가는 것이다. 자신의 모습을 부인하고 부정하는 것은 곧 자신의 일부를 분열시키는 것이며, 자기 자신을 사랑하지 않는 것이다.

교회는 영원히 목마르지 않는 자기 사랑을 교육해야 할 것이다. 그럴 때 우리는 진정으로 서로 사랑할 수 있게 된다. 진정한 사랑을 맛보지 못하니 가짜의 사랑인 성적인 접촉이 일어난다. 특히 교회에서 이런 일이 일어나면 어찌 처리해야 할지 당혹스러울 때가 참 많다. 성적인 문제가 교회에서 일어나면 목회자든, 직분자이든 우선 그 직분을 내려놓아야 한다. 그리고 교회 앞에 이 일을 알려야 하며, 상처가 되는 사건을 교회가 적극적으로 대응하고 대처하는 모습을 보여주는 것이 교인들로부터 교회를 신뢰하게 하는 길이다. 죄와 상처를 덮지 말라. 그것은 은혜가 아니다. 특히 피해자가 있을 경우는 더욱 그렇다. 주의할 것은 가해자라고 생각되는 개인을 판단과 비난으로 대하는 행위는 금물이다. 가해자와 피해자의 변호를 맡아줄 교인들을 서로 정하고 교회 차원에서 용서와 보호 그리고 관심을 보여주어야 한다. 가해자에게는 용서를 빌 수 있는 환경을 그리고 피해자에게는 용서해줄 수 있도록 그 상처 난 마음을 지속적으로 보살펴주는 꾸준한 관심이 필요하다. 그럴 때 교회는 성적인 취약함에 있는 가해자나 피해자에게 하나님이 보여주시는 사랑으로 경험할 수 있게 하는 절호의 기회가 되는 것이다.

부록

1. 청소년, 성인 스마트폰 자가진단 척도 검사지 및 해석지
2. 약물남용 검사지
3. 도박 중독 치유를 위한 자료
4. 중독 치유를 위한 기관 소개

부록 1

청소년, 성인 스마트폰 자가진단 척도
검사지 및 해석지

_ 스마트 쉼 센터

청소년 스마트폰중독 자가진단 척도

         년   월   일   학교   학년 (남 , 여) 성명

번호	항목	전혀 그렇지 않다	그렇지 않다	그렇다	매우 그렇다
1	스마트폰의 지나친 사용으로 학교성적이 떨어졌다.				
2	가족이나 친구들과 함께 있는 것보다 스마트폰을 사용하고 있는 것이 더 즐겁다.				
3	스마트폰을 사용할 수 없게 된다면 견디기 힘들 것이다.				
4	스마트폰 사용시간을 줄이려고 해보았지만 실패한다.				
5	스마트폰 사용으로 계획한 일(공부, 숙제 또는 학원수강 등)을 하기 어렵다.				
6	스마트폰을 사용하지 못하면 온 세상을 잃은 것 같은 생각이 든다.				
7	스마트폰이 없으면 안절부절 못하고 초조해진다.				
8	스마트폰 사용시간을 스스로 조절할 수 있다.				
9	수시로 스마트폰을 사용하다가 지적을 받은 적이 있다.				
10	스마트폰이 없어도 불안하지 않다.				
11	스마트폰을 사용할 때 그만해야지 라고 생각은 하면서도 계속한다.				
12	스마트폰을 너무 자주 또는 오래한다고 가족이나 친구들로부터 불평을 들은 적이 있다.				
13	스마트폰 사용이 지금 하고 있는 공부에 방해가 되지 않는다.				
14	스마트폰을 사용할 수 없을 때 패닉상태에 빠진다.				
15	스마트폰 사용에 많은 시간을 보내는 것이 습관화되었다.				

청소년 스마트폰중독 자가진단 척도

채점 방법	[1단계] 문항별	전혀 그렇지 않다: 1점, 그렇지 않다: 2점, 그렇다: 3점, 매우 그렇다: 4점 ※ 단, 문항 8번, 10번, 13번은 다음과 같이 역채점 실시 〈전혀 그렇지 않다: 4점, 그렇지 않다: 3점, 그렇다: 2점, 매우 그렇다: 1점〉
	[2단계] 총점 및 요인별	총 점 ▶ ① 1~15번 합계 요 인 별 ▶ ② 1요인(1,5,9,12,13번) 합계 ③ 3요인(3,7,10,14번) 합계 ④ 4요인(4,8,11,15번) 합계
고위험 사용자 군		총 점 ▶ ① 45점 이상 요 인 별 ▶ ② 1요인 16점 이상 ③ 3요인 13점 이상 ④ 4요인 14점 이상
		판정: ①에 해당하거나, ②~④ 모두 해당되는 경우
		스마트폰 사용으로 인하여 일상생활에서 심각한 장애를 보이면서 내성 및 금단 현상이 나타난다. 스마트폰으로 이루어지는 대인관계가 대부분이며, 비도덕적 행위와 막연한 긍정적 기대가 있고 특정 앱이나 기능에 집착하는 특성을 보이기도 한다. 현실 생활에서도 습관적으로 사용하게 되며 스마트폰 없이는 한 순간도 견디기 힘들다고 느낀다. 따라서, 스마트폰 사용으로 인하여 학업이나 대인관계를 제대로 수행할 수 없으며 자신이 스마트폰 중독이라고 느낀다. 또한, 심리적으로 불안정감 및 대인관계 곤란감, 우울한 기분 등이 흔하며, 성격적으로 자기조절에 심각한 어려움을 보이며 무계획적인 충동성도 높은 편이다. 현실세계에서 사회적 관계에 문제가 있으며, 외로움을 느끼는 경우도 많다. ▷ 스마트폰 중독 경향성이 매우 높으므로 관련 기관의 전문적 지원과 도움이 요청된다.
잠재적 위험 사용자 군		총 점▶ ① 42점 이상~44점 이하 요인별▶ ② 1요인 14점 이상 ③ 3요인 12점 이상 ④ 4요인 13점 이상
		판정: ①~④ 중 한 가지라도 해당되는 경우
		고위험사용자군에 비해 경미한 수준이지만 일상생활에서 장애를 보이며, 필요이상으로 스마트폰 사용시간이 늘어나고 집착을 하게 된다. 학업에 어려움이 나타날 수 있으며, 심리적 불안정감을 보이지만 절반 정도는 자신이 아무 문제가 없다고 느낀다. 다분히 계획적이지 못하고 자기조절에 어려움을 보이며 자신감도 낮게 된다. ▷ 스마트폰 과다 사용의 위험을 깨닫고 스스로 조절하고 계획적인 사용을 하도록 노력한다. 스마트폰 중독에 대한 주의가 요망된다
일반 사용자 군		총 점▶ ① 41점 이하 요인별▶ ② 1요인 13점 이하 ③ 3요인 11점 이하 ④ 4요인 12점 이하
		판정: ①~④ 모두 해당되는 경우
		대부분이 스마트폰 중독문제가 없다고 느낀다. 심리적 정서문제나 성격적 특성에서도 특이한 문제를 보이지 않으며, 자기행동을 관리한다고 생각한다. 주변 사람들과의 대인관계에서도 자신이 충분한 지원을 얻을 수 있다고 느끼며, 심각한 외로움이나 곤란감을 느끼지 않는다. ▷ 때때로 스마트폰의 건전한 활용에 대하여 자기 점검을 지속적으로 수행한다.

성인 스마트폰중독 자가진단 척도

　　　　년　월　일 연령　세 성별 (남, 여) 성명

번호	항 목	전혀 그렇지 않다	그렇지 않다	그렇다	매우 그렇다
1	스마트폰의 지나친 사용으로 학교성적이나 업무능률이 떨어진다.				
2	스마트폰을 사용하지 못하면 온 세상을 잃을 것 같은 생각이 든다.				
3	스마트폰을 사용할 때 그만해야지 라고 생각은 하면서도 계속한다.				
4	스마트폰이 없어도 불안하지 않다.				
5	수시로 스마트폰을 사용하다가 지적을 받은 적이 있다.				
6	가족이나 친구들과 함께 있는 것보다 스마트폰을 사용하고 있는 것이 더 즐겁다.				
7	스마트폰 사용시간을 줄이려고 해보았지만 실패한다.				
8	스마트폰을 사용할 수 없게 된다면 견디기 힘들 것이다.				
9	스마트폰을 너무 자주 또는 오래한다고 가족이나 친구들로부터 불평을 들은 적이 있다.				
10	스마트폰 사용에 많은 시간을 보내지 않는다.				
11	스마트폰이 옆에 없으면, 하루 종일 일(또는 공부)이 손에 안잡힌다.				
12	스마트폰을 사용하느라 지금 하고 있는 일(공부)에 집중이 안 된 적이 있다.				
13	스마트폰 사용에 많은 시간을 보내는 것이 습관화되었다.				
14	스마트폰이 없으면 안절부절 못하고 초조해진다.				
15	스마트폰 사용이 지금 하고 있는 일(공부)에 방해가 되지 않는다.				

성인 스마트폰중독 자가진단 척도

채점 방법	[1단계] 문항별	전혀 그렇지 않다: 1점, 그렇지 않다: 2점, 그렇다: 3점, 매우 그렇다: 4점 ※ 단, 문항 4번, 10번, 15번은 다음과 같이 역채점 실시 〈전혀 그렇지 않다: 4점, 그렇지 않다: 3점, 그렇다: 2점, 매우 그렇다: 1점〉
	[2단계] 총점 및 요인별	총 점 ▶ ① 1~15번 합계 요 인 별 ▶ ② 1요인(1,5,9,12,15번) 합계 ③ 3요인(4,8,11,14번) 합계 ④ 4요인(3,7,10,13번) 합계
고위험 사용자 군		총 점 ▶ ① 44점 이상 요 인 별 ▶ ② 1요인 15점 이상 ③ 3요인 13점 이상 ④ 4요인 13점 이상 판정: ①에 해당하거나, ②~④ 모두 해당되는 경우
		스마트폰 사용으로 인하여 일상생활에서 심각한 장애를 보이면서 내성 및 금단 현상이 나타난다. 스마트폰으로 이루어지는 대인관계가 대부분이며, 비도덕적 행위와 막연한 긍정적 기대가 있고 특정 앱이나 기능에 집착하는 특성을 보이기도 한다. 현실 생활에서도 습관적으로 사용하게 되며 스마트폰 없이는 한 순간도 견디기 힘들다고 느낀다. 따라서, 스마트폰 사용으로 인하여 학업이나 대인관계를 제대로 수행할 수 없으며 자신이 스마트폰 중독이라고 느낀다. 또한, 심리적으로 불안정감 및 대인관계 곤란감, 우울한 기분 등이 흔하며, 성격적으로 자기조절에 심각한 어려움을 보이며 무계획적인 충동성도 높은 편이다. 현실세계에서 사회적 관계에 문제가 있으며, 외로움을 느끼는 경우도 많다. ▷ 스마트폰 중독 경향성이 매우 높으므로 관련 기관의 전문적 지원과 도움이 요청된다.
잠재적 위험 사용자 군		총 점 ▶ ① 40점 이상~43점 이하 / 요인별 ▶ ② 1요인 14점 이상 판정: ①~② 중 한 가지라도 해당되는 경우
		고위험사용자군에 비해 경미한 수준이지만 일상생활에서 장애를 보이며, 필요이상으로 스마트폰 사용시간이 늘어나고 집착을 하게 된다. 학업에 어려움이 나타날 수 있으며, 심리적 불안정감을 보이지만 절반 정도는 자신이 아무 문제가 없다고 느낀다. 다분히 계획적이지 못하고 자기조절에 어려움을 보이며 자신감도 낮게 된다. ▷ 스마트폰 과다 사용의 위험을 깨닫고 스스로 조절하고 계획적인 사용을 하도록 노력한다. 스마트폰 중독에 대한 주의가 요망된다.
일반 사용자 군		총 점 ▶ ① 39점 이하 요인별 ▶ ② 1요인 13점 이하 ③ 3요인 12점 이하 ④ 4요인 12점 이하 판정: ①~④ 모두 해당되거나 고위험 및 잠재적위험군에 속하지 않는 경우
		대부분이 스마트폰 중독문제가 없다고 느낀다. 심리적 정서문제나 성격적 특성에서도 특이한 문제를 보이지 않으며, 자기행동을 관리한다고 생각한다. 주변 사람들과의 대인관계에서도 자신이 충분한 지원을 얻을 수 있다고 느끼며, 심각한 외로움이나 곤란감을 느끼지 않는다. ▷ 때때로 스마트폰의 건전한 활용에 대하여 자기 점검을 지속적으로 수행한다.

부록 2

약물남용 검사지

▶ 여기서 말하는 약물이란 알콜 이외의 모든 약물에 국한된 것으로 처방전 없이 약국에서 구입하는 약물, 처방 약물 그리고 필로폰, 엑스타시, 대마초 등과 같은 남용약물이 모두 여기에 해당 됨(자료출처: 존스 홉킨스 대학교).

▶ **채점방식**

문항 1-3, 6-20까지는 긍정대답 하나에 1점씩, 문항 4,5는 부정대답 하나에 1점씩 계산한다.

1. 당신은 의학적인 이유로 꼭 필요한 것 이외에 약물을 복용한 적이 있는가?
2. 당신은 처방 약물을 남용한 적이 있는가?
3. 당신은 한 번에 두 가지 이상의 약물을 복용하고 있는가?
4. 당신은 약물을 전혀 복용하지 않고 일주일을 지낼 수 있는가?
5. 당신은 자신이 원할 때에 언제라도 약물 복용을 중단할 수 있는가?
6. 당신은 약물 복용으로 인해 일시적으로 시각 상실, 의식 상실, 기억 상실이나 환각 재현 현상을 경험한 적이 있는가?
7. 당신은 자신의 약물 복용에 대해 줄곧 좋지 않은 감정이나 죄책감을 느끼고 있는가?
8. 당신의 배우자나 부모가 당신의 약물 문제로 늘 불만을 호소하

고 있는가?

9. 당신의 배우자나 부모와의 사이에 약물 남용이 문제를 일으킨 적이 있는가?
10. 당신은 약물 복용 때문에 친구를 잃은 적이 있는가?
11. 당신은 약물 복용 때문에 가정을 소홀히 한 적이 있는가?
12. 당신은 약물 복용 때문에 직장에서 문제가 생긴 적이 있는가?
13. 당신은 약물 복용 때문에 일자리를 잃은 적이 있는가?
14. 당신은 약물 기운 아래 싸움에 가담한 적이 있는가?
15. 당신은 약물을 입수하기 위해 불법 행위에 가담한 적이 있는가?
16. 당신은 불법 약물 소지죄로 체포된 적이 있는가?
17. 당신은 약물을 중단 할 때 금단증상을 경험한 적이 있는가?
18. 당신은 약물 복용으로 인해 예컨대 기억 상실, 간염, 경련, 출혈 등의 의학적 문제가 발생한 적이 있는가?
19. 당신은 약물 문제로 다른 사람의 도움을 구한 적이 있는가?
20. 당신은 특별히 약물 복용과 관련된 치료 프로그램에 참여한 적이 있는가?

▶ 해석

약물 남용 문제의 정도

점수	남용 정도	점수	남용 정도
0	문제없음	11-15	상당 수준
1-5	낮은 수준	16-20	심한 수준
6-10	보통 수준		

점수가 낮다고 해서 반드시 약물 문제가 없다는 뜻은 아니며, 긍정적인 대답이 하나라도 있었다면 그것은 곧 도움이 필요한 신호일 수 있다.

부록 3

도박 중독 치유를 위한 자료

- 단도박/회복 목표 결정 기록지
- 재정 목표 결정 기록지
- 영적 목표 결정 기록지
- 나의 도박 일지
- 나의 도박 충동 대처 일지
- 한국형 도박 행동 변별 척도(KGBS)
- SOGS(South Oaks Gambling Screen)
- GA 도박 중독 판별 질문지
- K-MAGS-DSM
- 청소년용 도박 문제 선별 검사(SOGS-RA)

단도박/회복 목표 결정 기록지

A. 단도박/회복 목표 설정

1. 다음 10년 동안의 목표

2. 다음 5년 동안의 목표

3. 내년의 목표

4. 6개월 이내에 사망할 경우의 목표

B. 가치분류

이런 목표들을 살펴보니 자신의 가장 높은 가치들에 맞다고 보입니까?
그렇지 않다면 적절하게 덧붙이거나 고치시오

C. 즉시 다뤄야 할 목표를 쓰시오

* Joseph W. Ciarrocchi, 『도박 중독의 심리치료』, 2007, 328 인용.

재정 목표 결정 기록지

A. 재정 목표 설정

1. 다음 10년 동안의 목표

2. 다음 5년 동안의 목표

3. 내년의 목표

4. 6개월 이내에 사망할 경우의 목표

B. 가치분류

이런 목표들을 살펴보니 자신의 가장 높은 가치들에 맞다고 보입니까?
그렇지 않다면 적절하게 덧붙이거나 고치시오.

C. 즉시 다뤄야 할 목표를 쓰시오

* Joseph W. Ciarrocchi, 『도박 중독의 심리치료』, 2007, 328 인용.

영적 목표 결정 기록지

A. 영적 목표 설정

1. 다음 10년 동안의 목표

2. 다음 5년 동안의 목표

3. 내년의 목표

4. 6개월 이내에 사망할 경우의 목표

B. 가치분류

이런 목표들을 살펴보니 자신의 가장 높은 가치들에 맞다고 보입니까? 그렇지 않다면 적절하게 덧붙이거나 고치시오

C. 즉시 다뤄야 할 목표를 쓰시오

* Joseph W. Ciarrocchi, 『도박 중독의 심리치료』, 2007, 328 인용.

나의 도박 일지

일시	상황(촉발요인)		도박행동		결과
	장소와 사람	도박하기 전의 기분, 생각, 행동	베팅 액수	잔액	도박이 끝난 후의 기분, 생각, 행동

* 안상일 외 4인, 『잃어버린 나를 찾는 희망 안내서 1』, 2013, 122.

나의 도박 충동 대처 일지

일시	상황 (장소, 사람, 기분)	충동을 물리치는 데 도움이 된 생각	대안활동 (도박 대신 한 활동)	도박을 참은 후에 든 기분과 생각

* 안상일 외 4인, 『잃어버린 나를 찾는 희망 안내서 1』, 2013, 123.

한국형 도박 행동 변별 척도(KGBS)

다음은 도박과 관련하여 흔히 경험할 수 있는 내용들입니다. 지난 1년간 각 문항이 자기에게 해당되는 정도를 나타내는 숫자에 O표 해주십시오.

구분	문항	전혀 아니다	거의 아니다	조금 그렇다	매우 그렇다
1	나는 다른 사람들이 도박을 해도 거기에 참여하지 않는다.				
2	나는 도박과는 거리가 멀다.				
3	나는 도박할 생각을 해본 적이 거의 없다.				
4	나는 도박을 해본 적이 거의 없다.				
5	나는 도박을 해본 지가 언제인지 모르겠다.				
6	나는 여가를 즐기기 위한 목적으로 도박을 하기도 했다.				
7	나는 도박을 통해 그날의 운을 시험해 본다.				
8	나는 도박을 하자고 권하는 친구나 동료 등의 요청을 거절하지 못해서 도박을 한 적이 있다.				
9	나는 돈을 따기 위해 도박을 한 적이 있다.				
10	나는 도박을 통해 여가를 즐긴다.				
11	나는 도박으로 잃은 돈을 만회하고자 다른 날 다시 도박을 한 적이 있다.				
12	나는 도박 자금을 마련할 방법에 대해서 몇 주 이상을 생각하는 경우가 있다.				
13	나는 죄책감, 불안, 무력감 또는 우울감 등에서 벗어나기 위해 도박을 한 적이 있다				
14	나는 도박으로 인해 스트레스나 불안 등을 포함한 어떤 건강상의 문제를 겪은 적이 있다.				
15	나는 도박한다는 것을 감추기 위해 관련 물품(경마권, 복권, 입장권, 카지노 칩등)을 감추거나 거짓말을 하기도 한다				
16	나는 대부분의 다른 사람들에 비해 도박을 많이 한다.				

17	나는 도박에서 이전과 같은 흥분감을 느끼기 위해 더 많은 돈을 걸어야 했던 적이 있다.				
18	나는 도박을 줄이거나 그만두려고 시도했으나 잘 안된 적이 있다.				
19	나는 도박 때문에 하던 일을 그만두게(학업 중단, 실직, 직업이나 경력 상의 기회 상실 등)된 적이 있다.				
20	도박으로 인해 다른 사회적 활동이 크게 줄었다				

1) 채점 및 합산

1번 문항~5번 문항: 3,2,1,0으로 채점

6번 문항~20번 문항:0,1,2,3으로 채점

2) 수준 분류

H척도 11번~20번 문항(0~9점: 1수준 /10~15점: 2수준 /16점 이상: 3수준)

3) 해석

수준	해석
0수준	도박 행동의 경험이 없거나 경험이 있더라도 자발적 동기와 흥미가 없고 장차 도박 행동에 참여할 의사가 없는 상태 (도박 무관심)
1수준	재미나 사교의 목적으로 도박 행동을 하며 도박에 사용하는 시간과 금액의 조절이 가능하고 일상생활과 역할 기능에 지장이 없는 상태 (사교오락 도박)
2수준	도박에 사용하는 시간과 금액이 증가하고 도박행동 및 결과를 숨기며 개인의 조절 능력(통제력)을 일부 상실하여 일상생활과 역할기능에 피해가 초래될 정도로 도박에 몰입된 상태(문제성 도박)
3수준	도박 행동으로 인해 일상생활과 역할 기능이 심각하게 손상되었거나 통제력 상실이 심화된 상태(병적 도박)

SOGS(South Oaks Gambling Screen)

1. 아래의 각 항목을 차근차근 읽어보시고 그 동안 도박을 하신 적이 있다면 얼마나 자주 하셨는지 해당되는 칸에 V표 해 주십시오.

전혀 없다	주 1회 이하	주 2회 이상	
			가. 카드나 화투를 하였다
			나. 경마나 경륜, 투견 및 기타 동물에 돈내기를 했다(TV 경마와 같은 사설 경마나 장외 경주 게임 포함)
			다. 스포츠 경기나 윷놀이 등에 돈내기를 하였다
			라. 주사위 게임에 내기를 하였다(크랩이나 다이사이, 기타 주사위 게임 포함)
			마. 카지노에 갔다(합법적, 불법적인 카지노 포함)
			바. 복권을 사거나 숫자게임을 하였다
			사. 룰렛게임을 하였다
			아. 시세차익을 노리고 주식이나 선물거래를 하였다
			자. 성인 오락실에서 슬롯머신, 포커머신, 혹은 그 외의 다른 도박기계를 하였다
			차. 돈 때문에 내기 볼링, 내기 당구, 내기 바둑, 골프, 사격 등 기술이 필요한 기타 여러 게임을 하였다
			카. 빙고 게임을 하였다
			타. 인터넷 도박을 하였다

2. 하루에 가장 많이 건 금액은 어느 정도입니까?

	도박을 한 적이 없다.
	1만 원미만
	1만 원에서 10만 원 미만
	10만 원에서 100만 원 미만
	100만 원에서 1,000만 원 미만
	1,000만 원 이상

3. 부모님이 도박을 하셨거나 현재 하고 계십니까?

	부모님 모두 심한 도박을 하고 계신다(혹은 하셨다).
	아버님이 심하게 도박을 하신다(혹은 하셨다).
	어머님이 심하게 도박을 하신다(혹은 하셨다).
	부모님 중에 가끔 하는 분이 계시지만(혹은 하셨지만) 심하지는 않다.
	부모님 모두 도박을 하지 않으신다(혹은 하신 적이 없다).

4. 잃은 돈을 되찾기 위해서 얼마나 자주 다시 도박을 하게 됩니까?

	다시 하지 않는다(혹은 도박을 한 적이 없다).
	잃은 경우 조금은 다시 하게 되지만 잃는 경우에 비해 반을 넘지는 않는다.
	잃으면 대부분 다시 하게 된다(잃은 경우에 비해 반 이상)
	잃을 때마다 매번 다시 한다.

5. 돈을 따지 못했거나 실제로는 잃었음에도 불구하고 돈을 땄다고 이야기한 적이 있습니까?

	없다(혹은 도박을 한 적이 없다).
	그렇다. 하지만 잃은 경우에 비하여 돈을 땄다고 한 적이 반을 넘지는 않는다.
	그렇다. 대부분 그럴 때가 많다(잃은 경우에 비하여 반 이상).

6. 자신에게 도박문제가 있다고 느끼십니까?

	아니다.
	과거에는 있었지만 지금은 그렇지 않다.
	그렇다.

	그렇다	아니다
7. 원래 의도했던 것보다 더 많이 도박을 하게 되셨습니까?		
8. 도박으로 인해 사람들에게 비난을 받거나 평판이 나빠진 적이 있으십니까?		
9. 자신의 도박을 하는 방식이나 도박 때문에 벌어진 여러 일들로 인해 죄책감을 느낀 적이 있으십니까?		
10. 도박을 끊고 싶지만 끊지 못할 것 같다고 느낀 적이 있으십니까?		
11. 배우자나 아이들, 가족, 친구 등 당신의 인생에서 중요한 사람들에게 마권이나 베팅 전표, 복권, 도박할 돈과 같이 도박한다는 것이 들통나거나 표날만한 물건을 숨긴 적이 있으십니까?		
12. 돈을 관리하는 방식 때문에 배우자 등 좋아하는 사람들과 다툰 적이 있습니까?		
13. (12번 문항에 '그렇다'고 대답하셨지만) 돈 문제로 다툰 원인이 주로 도박에 있습니까?		
14. 도박 때문에 돈을 빌리고 갚지 못한 적이 있으십니까?		
15. 도박으로 인해 직장(학교)에서 일(공부)할 시간을		

	빼앗기지는 않았습니까?		
16. 도박할 돈이나 도박 빚을 갚기 위하여 돈을 구했다면, 어디서 돈을 구했습니까?			
	가. 살림할 돈(생활비)에서		
	나. 배우자로부터		
	다. 친척이나(부모, 형제) 친구들로부터		
	라. 은행, 금융회사 혹은 소비자 신용조합에서		
	마. 신용카드(크레디트 카드)에서		
	바. 사채업자(고리대금)로부터		
	사. 주식이나 채권 및 기타 유가증권을 해약해서		
	아. 본인 소유의 물건이나 집안의 물건, 동산, 부동산 등을 팔아서		
	자. 부도수표를 발행해서		
	차. 사설 도박업자(혹은 카지노업자)에게 신용으로 빌려서		

채점방법: 문항 총합

- 1, 2, 3, 12, 16(차) 문항: 채점 제외
- 4, 5, 6번 문항: 마지막 선택지에 표시했을 경우에만 1점
- 7, 8, 9, 10, 11, 13, 14, 15, 16(가~자) 문항: 각 1점

해석 규준

- 0점: 사교성 도박자
- 1~4점: 문제성 도박자
- 5점 이상: 병적 도박자

GA 도박 중독 판별 질문지

1. 당신은 일이나 공부를 하지 않고 도박으로 시간을 낭비한 적이 있습니까?
2. 도박을 함으로써 가정생활을 불행하게 만든 적이 있습니까?
3. 도박이 당신의 평판에 나쁜 영향을 끼쳤습니까?
4. 도박을 하고 나서 후회하거나 양심의 가책을 느낀 적이 있습니까?
5. 당신은 빚을 갚기 위해서나 돈 문제를 해결하기 위해서 도박을 했던 적이 있습니까?
6. 도박이 당신의 야망이나 능력을 감소시키는 원인이 되었습니까?
7. 당신은 도박으로 잃은 돈을 가능하면 빨리, 다시 도박을 해서 찾아야겠다고 생각했습니까?
8. 돈을 따고서도 또 다시 도박판에 가서 돈을 더욱 많이 따야 되겠다는 강한 충동을 느껴 본 적이 있습니까?
9. 당신은 대체로 가지고 있던 돈이 완전히 떨어질 때까지 도박을 했습니까?
10. 도박을 하기 위해 돈을 빌린 적이 있습니까?
11. 도박을 하려고 돈이 될 만한 것을 판 적이 있습니까?
12. 당신은 도박 밑천을 생활비로 쓰는 것이 아깝다고 생각한 적이 있습니까?
13. 도박이 당신과 가족들의 생활을 소홀하게 만들었습니까?
14. 당신은 애초에 계획했던 시간보다 더 많은 시간 동안 도박을 해 본 적이 있습니까?
15. 당신은 불안함이나 걱정거리를 피하기 위하여 도박을 했던 적

이 있습니까?
16. 당신은 도박 밑천을 마련하기 위해 나쁜 일을 했거나 생각해 본 적이 있습니까?
17. 도박이 당신의 수면을 어렵게 만든 적이 있습니까?
18. 당신은 부부싸움, 의견대립, 실망, 좌절 때문에 도박을 하고 싶은 충동을 느낀 적이 있습니까?
19. 당신은 짧은 시간 동안 도박으로 한 밑천 잡아 보겠다는 강한 충동을 느낀 적이 있습니까?
20. 당신은 도박문제 때문에 자살이나 자해 행위를 하려고 생각해 본 적이 있습니까?

대부분의 도박 중독자들이 위 20문항 중에서 7개 이상 '예'라고 대답합니다.

K-MAGS-DSM

> 아래의 질문은 도박으로 인해 흔히 유발되는 문제점에 관한 것들입니다. 아래의 각 항목을 차근차근 읽어 보시고 도박을 하면서 본인이 느낀 문제점이라고 생각되는 문항의 '그렇다' 또는 '아니다'에 ✔표해 주십시오.

	그렇다	아니다
원래 의도했던 것보다 더 많이 도박을 하게 되었다.		
도박에 빠져서 사람들에게 비난을 받거나 평판이 나빠진 적이 있다.		
자신이 도박을 하는 방식이나 도박 때문에 벌어진 여러 일들로 인해 죄책감을 느낀 적이 있다.		
도박을 끊고 싶지만 끊지 못할 것 같다고 느낀 적이 있다.		
배우자나 아이들, 가족, 친구 등 당신의 인생에서 중요한 사람들에게 도박을 한다는 것이 들통나거나 표 날 만한 물건을 숨긴 적이 있다.		
돈을 관리하는 방식 때문에 배우자 등 좋아하는 사람들과 다툰 적이 있다.		
(6번 문항에 '그렇다'(V)라고 대답했다면) 돈 문제로 다툰 원인이 주로 도박에 있다.		
도박 때문에 돈을 빌리고 갚지 못한 적이 있다.		`
도박으로 인해 직장(학교)에서 일(공부)할 시간을 빼앗기거나 흥미를 잃었다.		
도박할 돈이나 도박 빚을 갚기 위하여 살림할 돈이나 친척, 친구, 은행, 카드회사, 사채업자 등으로부터 돈을 구하거나 집안 물건, 동산, 부동산 등을 판 적이 있다.		

채점 방법 및 해석 기준('그렇다'에 응답한 문항 수)

▸ 0~1개: 사교성 도박자

▸ 2~4개: 문제성 도박자

▸ 5개 이상: 도박 중독자

청소년용 도박 문제 선별검사(SOGS-RA)

다음은 아이들의 도박문제 수준이 어느 정도인지를 선별하는 검사도구이다

	그렇다	아니다
1. 지난 1년간, 잃은 돈을 되찾기 위해, 얼마나 자주 돈내기 게임을 합니까? ① 매번 다시 한다. ② 대부분 다시 한다. ③ 가끔씩 다시 한곤 한다. ④ 다시 하지 않는다.		
2. 지난 1년간 돈내기를 할 때, 실제로는 돈을 잃으면서도 다른 사람에게 돈을 땄다고 이야기한 적이 있었습니까?		
3. 지난 1년간 돈내기로 인해 가족이나 친구들과 논쟁을 하거나, 학교 혹은 학원에서 문제가 발생한 적이 있었습니까?		
4. 지난 1년간 의도했던 것보다 보다 더 오랫동안 돈내기를 한 적이 있었습니까?		
5. 지난 1년간 사실이라고 생각하든 안 하든, 여러분의 돈내기를 비판하거나, 돈내기에 문제가 있다고 말하는 사람이 있었습니까?		
6. 지난 1년간 여러분이 걸은 돈의 액수에 대해 혹은 돈내기 했을 때 발생하는 일에 대해 불안을 느낀 적이 있었습니까?		
7. 지난 1년간 돈내기를 그만두고 싶었지만, 생각처럼 되지 않은 적이 있었습니까?		
8. 지난 1년간 즉석복권, 로또, 베팅 전표 등 돈내기한 물증이나 돈내기에서 딴 돈을 친구나 가족에게 숨겼던 적이 있었습니까?		
9. 지난 1년간 돈내기 때문에 가족 혹은 친구들과 돈 문제로 다툰 적이 있었습니까?		
10. 지난 1년간 돈내기를 하기 위해 돈을 빌리고 갚지 못한 적이 있었습니까?		
11. 지난 1년간 돈내기로 인해 학교, 학원, 과외, 아르바이트에 빠지거나 결석한 적이 있었습니까?		
12. 지난 1년간 돈내기 빚을 갚기 위해, 또는 돈내기 게임을 하려고 물건을 훔치거나 돈을 빌린 적이 있었습니까?		
총점		점

채점방식

1번 문항에서는 '①, ②'에 체크하면 1점, '③, ④'에 체크하면 0점
2~12번 문항에서는 '예'에 체크하면 1점, '아니오'에 체크하면 0점

〈해석지침〉

구분	합산점수	내용
비문제성 (No Risk)	0-1점	도박 중독에는 문제가 없이 건강하게 생활하고 있습니다. 계속 현재의 건전한 생활을 유지하시기 바랍니다.
저위험성 도박 (Low Risk)	2~3점	문제가 거의 없거나 드러나지 않는 상태입니다. 하지만 도박을 자주 하거나, 합산점수 2점 이상에 해당되면 어제든 도박 관련 문제가 나타날 수 있으니 항상 신경쓰시기 바라며, 전문상담기관의 예방교육을 받을 수도 있습니다.
문제성 도박 (Problem)	4점 이상	약간의 문제가 발생한 상태로, 도박으로 일상생활을 적절하게 유지하는데 어려움이 나타날 가능성이 있습니다. 도박을 자주 하거나, 합산점수 4점 이상 해당이 되면 그 위험성은 더욱 커집니다. 혼자서는 문제해결이 어려우므로 전문상담기관을 방문하시기 바랍니다.

부록 4

중독 치유를 위한 기관 소개

고병인가족상담연구소

본 연구소는 1966년부턴 '한국회복 사역연구소'라는 이름으로, 기독교적 집단상담인 회복 사역(Recovery Ministry)의 지원그룹(support group)을 교회, 사회 그리고 신대원, 상담대학원 등에 강의와 세미나를 통해 전해왔다. 2016년부터 '고병인가족상담연구소'로 개명하여 회복 사역과 아울러 가족치료 중심의 상담연구소로 맥을 이어오고 있다. 본 연구소는 중독된 사람. 학대받은 사람, 정서적으로 외상을 가진 사람들에게 개인상담, 부부상담, 가족상담, 집단/지원그룹의 통전적인 접근으로 전인성 회복에 초점을 두고 있다.

고병인가족상담연구소
서울시 서초구 서초중앙로 118 카이스시스템 빌딩 7층
02-3473-8777
www.recoverykorea.com

사단법인 한국상담개발원

현대 사회의 가장 큰 고통은 다름 아닌 마음에서 오는 고통입니다. 물질의 풍요는 우리의 삶을 윤택하게 하였으나 마음의 안정은 그에 따르지 못했습니다. 육체적 질병의 75%가 심인성이라는 통계는 그간 우리가 방관해온 정신문제가 얼마나 심각한지를 대변합니다.

한국상담개발원은 이러한 마음의 질병을 고치는 데 기여하기 위하여 세워졌습니다. 전문 심리상담 과정을 비롯, 에니어그램, 인지행동치료 등 각종 세미나와 교육 프로그램을 주관해오고 있으며 특별히 이론에 그치지 않고 현실 적용이 가능하도록 교육함으로써 상담이 현실에 적용 가능하도록 그 본질적 기능을 다하는데 최선을 다하고 있습니다. 앞으로도 지속적인 연구 계발을 통해 수많은 영혼들의 회복을 돕고 사랑을 채우는 이 사회의 빛과 소금이 되기 위하여 최선을 다하겠습니다.

◆ **한국상담개발원 부설 평생교육원 교육프로그램** ◆
(http://www.kcdi.co.kr/web/)

심리상담사, 인지행동심리상담사, 에니어그램 강사, 뇌심리상담사, 정신건강상담사, 미술심리상담사, 디지털심리상담사, 중독심리상담사, 스마트폰중독상담사, 부부심리상담사, 집단심리상담사 등 총 12개 교육과정을 운영 중에 있음.

사단법인 한국미래디지털상담개발원

현대를 살아가는 우리들은 너무나도 많은 인터넷, 디지털기기의 홍수에 빠져 많은 문제들에 노출이 되어 살아가고 있습니다.

한국정보화진흥원 '2016 스마트폰 과의존 실태조사' 결과 중독률이 유·아동 17.9%, 청소년 30.6%, 성인 16.1% 나타났는데, 이것을 보더라도 우리 사회가 얼마나 많은 디지털 중독의 문제에 노출되어 살아가고 있는가를 단적으로 보여준다고 할 수 있을 것입니다.

이런 문제에 적극적으로 대처해 나아가기 위해서는 디지털 중독에 대한 예방교육 및 상담, 멘토링, 정책자문에 이르기까지 다양한 역할을 수행할 수 있는 전문가들이 모여, 디지털 중독의 문제해결과 온전한 회복을 도와야 합니다. 한국미래디지털상담개발원이 전문적 역량 발휘와 사회적 책무를 다할 수 있도록 여러분들의 끊임없는 관심과 참여를 바랍니다.

◆ 한국미래디지털상담개발원 ◆
(http://www.kfdcdi.net)

주소: 서울특별시 관악구 봉천로 575-1(육군회관 4층)
연락처: Tel 02-888-7590, 1544-7509 Fax 02-885-0675

부설연구소
한국미디어상담연구소 소장 박종연
디지털미디어 상담 및 예방교육
디지털 미디어 예방강사 양성
디지털 미디어 연구

서울중독심리연구소

서울중독심리연구소는 성경에서 제시하고 있는 놀라운 치유의 숨은 비밀을 현대정신분석이라는 도구를 통해 접근하고 있습니다. 성령이 인간을 인도하고 진리의 길로 안내하며 자유롭게 하듯이 개인상담과 집단상담이라는 과정을 통해 성령의 생각과 진리의 길로 안내하고 있습니다. 거짓과 허상은 나 자신을 속박의 굴레에서 나오지 못하게 만들며, 중독이라는 세상에 갇혀 내가 원하는 사랑과 돌봄 그리고 인정이 올 것이라는 허망한 생각을 가지게 한다는 것을 알게 되었습니다. 그것이 실체이고 진실인 줄 알고 살아가는 사람들에게 진실의 실체를 조심스럽게 만나게 하면서 주님 가신 그 길로 안내를 하고 있습니다.

집단심리상담
매주 수요일(12주) 오전 10시-12시

중독심리분석 전문가 강좌
매주 화요일(12주) 오전 11시~오후 1시

월요강좌
매주 월요일(12주) 오후 7시~9시

하늘빛공동체

'하늘빛공동체'는 중독으로부터 회복을 위해 공동체 삶을 원하는 사람들을 대상으로 한 신앙공동체이며, 가정집 쉼터이다. 중독의 회복 과정에서 가장 무서운 적은 외로움과 신앙 퇴보이다. 매우 뛰어난 영성인이 아니라면 누구든지 혼자 오랫동안 지낼 때 외로움이 커지고, 신앙심이 약해질 수 있으며 그만큼 유혹에 약해질 수 있다.

하늘빛공동체는 함께 살아가는 사람을 하나님이 맺어준 새가족이라고 여긴다. 아침과 저녁으로 함께 모여 큐티를 하면서 말씀과 삶을 나누고, 근처 모범적인 교회에 새벽기도회를 비롯한 예배에 참여하면서 영적 성숙을 이루며, 남은 인생에 대한 구체적인 계획을 함께 고민하고 기도하며 지낸다.

하늘빛공동체는 현재 중독약물 중독전문기관, 자연치유전문기관, IC&RC코리아 치료공동체 전문가과정 등에 협력하며 자문하는 관계에 있다.

저 자 소 개

고병인
고병인가족상담연구소 소장, 전 한세대학교 상담학 교수, 한국기독교상담심리학회 증경회장 및 감독, 한국상담학회 수련감독, 한국가족상담협회 수련감독, Fuller D.Min.
저서: 『중독자가정의 가족치료』

김형근
서울중독심리연구소 소장, 한국기독교심리상담학회 슈퍼바이져, 자기사랑학교장, 한국보호관찰학회 이사, 브릿지교회 담임목사, 빅토리치유공동체 대표, 명지대 사회교육원 교수
저서: 『내 마음인데 왜 내 마음대로 안 되는 걸까?』
『성중독의 눈, 음란물 중독의 심리이해』
『성중독 회복을 향한 첫걸음』

박종연
미국 공인 중독 전문가(ICADC), IC&RC Korea 총무이사, 한국미디어상담연구소/중독치유연구소 소장, 경기대 평생교육원 교수, 미 코헨대/ADADCI NEW GATE COLLEGE 교수, 전 한국피해자지원협회 수련감독자/경기북부 지부장, 한국색채미술심리상담학회 수련감독자
저서: 『마약학 이해』, 『스마트폰 중독 이렇게 극복하라』

손매남
(사)한국상담개발원 원장, 경기대 뇌심리상담과정 주임교수, 미 코헨대학교 본교부총장 및 상담대학원 원장, 창조하는교회 담임목사, (사)한국미래디지털상담개발원 이사장
저서: 『최신 뇌치유상담학』 외 다수

안미옥
마음나루심리상담연구소 대표, 상명대학교 복지상담대학원 초빙교수, 한국가족치료학회 수련감독, 한국가족관계학회 수련감독, 한국청소년상담학회 수련감독, AAMFT Approved Supervisor, LMFT(USA)
저서:『도박중독의 이해와 돌봄』
공역서:『내러티브 실천』

원영희
선교연합교회 담임목사

주정식
서울장신대 대학원 외래교수(중독상담), 하늘빛공동체(약물회복 공동체) 대표, 마약퇴치운동본부 전문상담사, 국가공인브레인트레이너, 미국공인 중독 전문가(RAS, IC&RC), IC&RC Korea 교수, Parpaw(국제중독전문목사신학교) 교수